उर्दू के मशहूर शायर

फ़ैज़

और उनकी चुनिंदा शायरी

AF897386

सम्पादक

नरेंद्र गोविंद बहल

डायमंड बुक्स

www.diamondbook.in

प्रकाशक: डायमंड पॉकेट बुक्स (प्रा.) लि.
X-30 ओखला इंडस्ट्रियल एरिया, फेज-II
नई दिल्ली- 110020
फोन : 011-40712200
ई-मेल : sales@dpb.in
वेबसाइट: www.diamondbook.in

Urdu Ke Mashhoor Shayar Faiz Aur Unki Chuninda Shayari

Ed. By - Narender Govind Behl

दो शब्द

फ़ैज़ अहमद फ़ैज़ उर्दू अदब के बड़े फनकार फ़ैज़ अहमद 'फ़ैज़' की पैदाइश 13 फरवरी, 1911 में पंजाब के सियालकोट (अब पाकिस्तान में) में हुई। उनका परिवार पढ़ा-लिखा था, इसलिए उनके घर पर लेखकों, कवियों का जमावड़ा लगा रहता था। उनके पिता सुल्तान मुहम्मद खान बैरिस्टर थे जिन्होंने ब्रिटिश सरकार के लिए काम किया था। आपकी शुरूआती पढ़ाई उर्दू, अरबी तथा फ़ारसी में हुई जिसमें क़ुरआन को याद करना भी शामिल था। उन्होंने 1933 में अंग्रेजी तथा 1934 में अरबी में एम.ए. किया। अपने कामकाजी जिन्दगी की शुरुआत में वो एमएओ कालेज, अमृतसर में लेक्चरर बन गए। उसके बाद मार्क्सवादी विचारधाराओं से बहुत प्रभावित हुए।

सन् 1936 में वे प्रेमचंद, मौलवी अब्दुल हक़, सज्जाद जहीर और मुल्कराज आनंद द्वारा स्थापित प्रगतिशील लेखक संघ में शामिल हुए। फ़ैज़ अहमद फ़ैज़ बाबा मलंग साहिब, लाहौर के सूफी, अशफाक अहमद, सयेद फखरुद्दीन बल्ली, वासिफ अली वासिफ और दूसरे सूफी संतों के मुरीद थे।

दूसरे विश्व युद्ध के दौरान फ़ैज़ ब्रिटिश भारतीय सेना में भर्ती हुए और अपनी सेवाएं दी। लेकिन विभाजन के वक़्त उन्होंने अपने पद से इस्तीफा दे दिया और लाहौर वापस आ गए जहाँ उन्होंने उर्दू दैनिक 'इमरोज़' और 'पाकिस्तान टाइम्स' का संपादन करना शुरू कर दिया।

बटवारे के बाद फ़ैज़ ने पाकिस्तान की हुकूमत के खिलाफ आवाज़ उठानी शुरू की। उन्होंने 1951 में लियाकत अली खान की सरकार के खिलाफ मोर्चा खोला। लियाकत अली खाँ की सरकार के तख्तापलट की साजिश रचने के जुर्म में वे 1951-1955 तक कैद में रहे। फ़ैज़ को पाकिस्तान की हुकूमत ने जेल में डाला तो उन्होंने वहीं से रूमानी और इंकलाबी दोनों तरह की शायरी को लिखना जारी रखा। इसके बाद उनके जेल से लिखने पर रोक लगा दी गई। जेल में लिखा गया उनका कलाम बाद में बहुत मशहूर हुआ, जो "दस्त ए सबा" तथा "जिंदानामा" नाम से छपा। 1962 में फ़ैज़ लाहौर पाकिस्तान में आर्टस काउनसिल में काम किया। 1963 में उनको सोवियत-संघ (रूस) ने 'लेनिन शांति' पुरस्कार प्रदान किया। जेल से वापस आने के बाद भी उन्होंने अपना लेखन जारी रखा और इसी बीच उन्हें देश से

निकाल दिया गया। देश से निकाले जाने के बाद उन्होंने कई साल लंदन में गुजारे। जुल्फिकार अली भुट्टो जब पाकिस्तान के विदेश मंत्री बने तो फ़ैज़ को वापस लाया गया। जुल्फिकार अली भुट्टो की सरकार में उन्हें कई जिम्मेदारियां दी गई। उन्हें कल्चरल एडवाइज़र बनाया गया। 1977 में तत्कालीन आर्मी चीफ जिया उल हक ने पाकिस्तान में तख्ता पलट किया। उन्होंने जिया उल हक के शासन के खिलाफ 'हम देखेंगे' नज़्म लिखी थी। 1984 में, उनके इंतकाल से पहले, उनका नाम नोबेल पुरस्कार के लिये प्रस्तावित किया गया।

फ़ैज़ अहमद फ़ैज़ का नाम दुनिया के मशहूर शायरों और कवियों में गिना जाता है। वे अमन और तरक्कीपसंद ख्याल के व्यक्ति थे। उन्होंने आधुनिक उर्दू शायरी को एक नई ऊंचाई दी। साहिर, क़ैफ़ी, फ़िराक़ आदि उनके समकालीन शायर थे। फ़ैज़ अपने जाने के बाद और भी ज्यादा पढ़े गए। उनका नाम एशियाई मूल के उन शायरों में शुमार हैं जिन्हें दुनियाभर में सबसे ज्यादा पढ़ा गया है।

'हम देखेंगे, लाज़िम है कि हम भी देखेंगे' उनकी इस नज़्म पर हिंदुस्तान में सवाल हुए वह नज़्म उनकी मौत के एक साल बाद पाकिस्तान में बगावत और प्रतिरोध का नारा बन गई थी। 1985 में जब पाकिस्तान के तत्कालीन सेना प्रमुख जनरल जियाउल हक ने देश में मार्शल लॉ लगा दिया था और इस्लामीकरण के चलते देश में महिलाओं के साड़ी पहनने पर भी पाबंदी थी तब लाहौर के स्टेडियम में एक शाम पाकिस्तान की मशहूर ग़ज़ल गायिका इकबाल बानो ने 50 हजार लोगों की मौजूदगी में इस नज़्म को गाकर इसे अमर कर दिया था। तब से लेकर आज तक इसे हिंदुस्तान और पाकिस्तान दोनों मुल्कों के कई गायक अपनी आवाज दे चुके हैं।

फ़ैज़ अहमद फ़ैज़, महमूद दरवेश और नाज़िम हिक्मत साहित्यिक और राजनीतिक व्यक्तित्वों की उस कड़ी का निर्माण करते हैं जो अपने देश से बाहर रहे या रहने को बाध्य किए गए। एक व्यापक अर्थ में देखा जाए तो वे एक विश्व नागरिक थे।

"नहीं निगाह में मंज़िल तो जुस्तुजू ही सही
नहीं विसाल मयस्सर तो आरज़ू ही सही"

-संपादक
नरेंद्र गोविन्द बहल
narendergovindbehl@gmail.com

प्रकाशकीय

नरेन्द्र गोविन्द बहल उर्दू और हिन्दी कविता में गहन रुचि रखते है जिसके कारण उन्होंने अधिकतर मुशायरों व कवि सम्मेलनों में शिरकत की थी, इन्हीं आयोजनों की वजह से उन्हें साहित्य लेखन का भी शौक पैदा हुआ। लेखक की विभिन्न विषयों पर अब तक 60 से अधिक पुस्तकें प्रकाशित हो चुकी हैं। लालकिले में होने वाले कवि सम्मेलन और मुशायरों से कविता-शायरी के प्रति प्रेम बढ़ा और वहीं से उन्होंने उन्हें कविता लिखना भी प्रारंभ कर दिया था। कविता, गीत, गजल, शायरी को समझने के लिए उर्दू के मशहूर शायरों के जीवन के बारे में जानने के लिए उर्दू भाषा सीखी।

जब लेखक साहिर लुधियानवी, कैफ़ी आज़मी, जान-ए-सार अख्तर, अली सदार जाफरी, मजाज, नरेश कुमार 'शाद' आदि शायरों से मिले तो उनका पाठकीय दृष्टिकोण बदलने लगा और उन्होंने गालिब, फैज़, जफ़र, दाग आदि रचनाकारों को भी पढ़ना शुरू किया। इन शायरों को पढ़ते हुए लेखक के मन में एक उत्साह पैदा हुआ कि इन शायरों की पुस्तकें संपादित की जाएं। यह पुस्तक भी इसी उत्साह का नतीजा है।

डायमंड बुक्स प्रस्तुत करता है उर्दू के मशहूर शायर और उनकी चुनिंदा शायरी। इस सीरीज़ में नये पुराने शायरों की प्रसिद्ध एवं चुनिंदा शायरी का संकलन प्रकाशित किया है। इस सीरीज की प्रमुख पुस्तकें इस प्रकार हैं :-

फ़ैज़	ग़ालिब	निदा फाजली
क़तील शिफ़ाई	अख़्तर शीरानी	बशीर बद्र
जोश मलिहाबादी	ज़ौक़	बेकल उत्साही
शक़ील बदायूंनी	अकबर इलाहाबादी	परवीन शाकिर
मीर	नज़ीर अकबराबादी	कैफ़ी आज़मी
मोमिन ख़ां 'मोमिन'	फ़िराक़ गोरखपुरी	जॉ निसार अख़्तर
साहिर लुधियानवी	इफ़्तिख़ार आरिफ़	अली काज़मी
मजाज़	मजरुह सुल्तानपुरी	कुँअर बेचैन
इक़बाल	अहमद फराज	माणिक वर्मा
ज़फ़र	दर्द	अली सरदार जाफरी
दाग़	नरेश कुमार शाद	मिर्ज़ा रफ़ी 'सौदा'
अदा जाफरी	मुश्ताक अहमद	असग़र गोंडवी
शाहिद मीर	मंज़ूर हाशमी	चमन लाल चमन
मुज़फ़्फ़र वारसी	निश्तर ख़ानक़ाही	राम अवतार बैरवा
वसीम बरेलवी	हरिराज सिंह नूर	रामदरश मिश्र
आलम खुर्शीद	अमजद इस्लाम अमजद	महताब हैदर नक़वी
शहरयार		

मनीष वर्मा

manish@dpb.in

(1)

हैं लब्रेज़[1] आहों से ठण्डी हवाएँ
उदासी में डूबी हुई हैं फ़ज़ाएँ[2]

मोहब्बत की दुनिया पे शाम आ चुकी है
सियाहपोश[3] हैं ज़िन्दगी की फ़जाएँ

मचलती हैं सीने में लाख आरज़ूएँ
तड़पती हैं आँखों में लाख इल्तिजाएँ[4]

तग़ाफुल के[5] आग़ोश[6] में सो रहे हैं
तुम्हारे सितम और मेरी वफ़ाएँ

मगर फिर भी ऐ मेरे मासूम[7] क़ातिल
तुम्हें प्यार करती हैं मेरी दुआएँ

---

1. भरी हुई 2. वातावरण 3. अँधेरी 4. प्रार्थनाएँ 5. ध्यान न देना 6. गोद 7. निर्दोष।

(2)

बाम-ओ-दर[1] ख़ामशी के बोझ से चूर
आसमानों से जू-ए-दर्द[2] रवाँ[3]

चाँद का दुख भरा फ़साना-ए-नूर[4]
शाहराहों[5] की ख़ाक में ग़ल्ताँ[6]

ख़्वाबगाहों[7] में नीम तारीकी[8]
मुज़महिल[9] लै रबाब-ए-हस्ती की[10]

हल्के-हल्के सुरों में नौहा कुनाँ[11]

---

1. कोठा और द्वार 2. दुःख की लहर 3. जारी बहती हुई 4. उजाले की कहानी 5. मार्ग 6. डूबी 7. विश्रामगृह 8. अर्ध-अँधकार 9. थकी हुई 10. जीवन वीणा की लय 11. रोती हुई।

(3)

सुबह की आज जो रँगत है वो पहले तो न थी
क्या खबर आज ख़िरामाँ[1] सर-ए-गुलज़ार[2] है कौन

शाम गुलनार[3] हुई जाती है देखो तो सही
ये जो निकला है लिये मशअल-ए-रुख़सार[4] है कौन

रात महकी हुई आई कहीं से, पूछो
आज बिखराए हुए ज़ुल्फ़-ए-तरहदार[5] है कौन

फिर दर-ए-दिल पे कोई देता है रह-रह दस्तक
जाईए फिर दिल-ए-वहशी का तलबगार[6] है कौन

---

1. चल रहा है 2. बाग़ में 3. गुलाब के फूल जैसी 4. अधर की मशाल 5. बाँकपन से 6. माँगने वाला।

(4)

कभी-कभी याद में उभरते हैं नक़्श-ए-माज़ी[1] मिटे-मिटे से
वो आज़माइश[2] दिल-ओ-नज़र की वो क़ुरबतें सी[3] वो फ़ासले से

कभी-कभी आरज़ू[4] के सहरा[5] में आके रुकते हैं क़ाफ़ले से
वो सारी बातें लगाव की सी वो सारे उनवाँ[6] विसाल[7] के से

निगाह-ओ-दिल को क़रार कैसा[8] निशात-ओ-ग़म[9] में कमी कहाँ की
वो जब मिले हैं तो उनसे हर बार की है उल्फ़त नए सिरे से

तुम्हीं को रिंद-ओ-मुहतसिब[10] में है आज शब कौन फ़र्क़[11] ऐसा
ये आए बैठे हैं मयक़दे[12] में वो उठके आए हैं मयकदे से

---

1. अतीत की लकीरें 2. परीक्षा 3. मिलन 4. चाहत 5. जंगल 6. शिक्षक 7. मिलन 8. शान्ति में 9. खुशी और ग़म में 10. शराब पीने वाले और रोक-टोक लगाने वालों में 11. अन्तर 12. मधुशाला।

(5)

शफ़क़[1] की राख में जल-बुझ गया सितारा-ए-शाम
शब-ए-फ़िराक़[2] के गेसू फ़ज़ा[3] में लहराए

कोई पुकारो कि एक उम्र होने आई है
फ़लक[4] को क़ाफ़ला-ए-रोज़-ओ-शाम[5] ठहराए

ये ज़िद है यार-ए-हरीफ़ान-ए[6] बादापैमा[7] क
कि शब[8] का चाँद न निकले न दिन को अब्र[9] आए

सबा[10] ने फिर दर-ए-ज़िदाँ[11] वे असके दी दस्तक
सहर[12] क़रीब है दिल से कहो न घबराए

---

1. उषा 2. वियोग की रात 3. वातावरण 4. आकाश 5. रात और दिन 6. दुश्मन 7. शराब पीनेवालों के 8. रात 9. बादल 10. हवा 11. बन्दीगृह 12. प्रभात, सुबह।

(6)

मुझको शिकवा[1] है मेरे भाई कि तुम जाते हुए
ले गए साथ मेरी उम्र-ए-गुज़िश्ता[2] की किताब

उसमें तो मेरी बहुत क़ीमती तसवीरें थीं
उसमें बचपन था मेरा और मेरा एहद-ए-शबाब[3]

उसके बदले मुझे तुम दे गए जाते-जाते
अपने ग़म का ये दमकता हुआ-ख़ूँ-रंग गुलाब

क्या करूं भाई, ये ऐज़ाज़[4] मैं क्यों कर पहनूँ
मुझसे ले लो मेरी सब चाक[5] कमीज़ों का हिसाब

आख़री बार है लो मान लो एक ये भी सवाल
आज तक तुम से मैं लौटा नहीं मायूस-ए-जवाब[6]

आके ले जाओ तुम अपना ये दमकता हुआ फूल
मुझको लौटा दो मेरी उम्र-ए-गुज़िश्ता की किताब

1. शिकायत 2. बीती जिन्दगी 3. जवानी का ज़माना 4. उपाधि 5. फटी हुई 6. निराश।

(7)

दिल में अब यूँ तेरे भूले हुए ग़म आते है
जैसे बिछड़े हुए काबे में सनम[1] आते हैं

एक-एक करके हुए जाते हैं तारे रौशन
मेरी मंज़िल की तरफ़ तेरे क़दम आते है

रक़्स-ए-[2]मय तेज़ करो आज़ की लै तेज़ करो
सू-ए-मयख़ाना[3] सफ़रीन-हरम[4] आते हैं

कुछ हमीं को नहीं एहसान उठाने का दिमाग
वो तो जब आते हैं माइल ब-करम[5] आते हैं

और कुछ देर न गुज़रे शब-ए-फ़ुर्क़त[6] से कहो
दिल भी कम दुखता है वो याद भी कम आते हैं

---

1. प्रियतम 2. नृत्य 3. शराबख़ाना 4. काबे वे राजदूत 5. कृपा पर उतारू 6. वियोग की रात।

(8)

क़र्ज़-ए-निगाह-ए-यार अदा कर चुके हैं हम
सब कुछ निसार-ए-राह-ए-वफ़ा कर चुके हैं हम

कुछ इम्तिहान-ए-दस्त-जफ़ा[1] कर चुके हैं, हम
कुछ उनकी वस्तरस[2] का पता कर चुके हैं हम

देखे हैं कौन-कौन, जरूरत नहीं रही
कूए[3]-सितम में सबको ख़फ़ा कर चुके हैं हम

अब ऐहतियात[4] की कोई सूरत नहीं रही
क़ातिल से रस्म-ओ-राह सिवा[5] कर चुके हैं हम

अब अपना इख़्तियार[6] है चाहे जहाँ चलें
रहबर[7] से अपनी राह जुदा कर चुके हैं हम

उनकी नज़र में क्या करें फीका है अब भी रंग
जितना लहू था सर्फ़-ए-क़बा[8] कर चुके हैं हम

कुछ अपने दिल की ख़ू[9] का भी शुकराना[10] चाहिए
सौ बार उनकी ख़ू का गिला[11] कर चुके हैं हम

---

1. शोषण 2. पहुँच 3. गली 4. चौकन्ने रहने की 5. अधिक 6. अधिकार, पसन्द, मर्जी 7. नेता 8. वस्त्रों पर लगा चुके 9. आदम 10. धन्यवाद 11. शिकायत।

(9)

सब क़त्ल हो के तेरे मुक़ाबिल[1] से आए हैं
हम लोग सुर्ख़रु[2] हैं कि मंज़िल से आए हैं

शम-ए-नज़र ख़्याल के अंजुम[3] जिगर के दाग़
जितने चिराग़ हैं तेरी महफ़िल से आए हैं

उठकर तो आ गए हैं तेरी बज़्म[4] से मगर
कुछ दिल ही जानता हैं कि किस दिल से आए हैं

हर इक क़दम अजल[5] था हर इक गाम[6] ज़िन्दगी
हम घूम फिरके कूचा-ए-क़ातिल[7] से आए हैं

बाद-ए-ख़िज़ां[8] का शुक्र करो 'फ़ैज़' जिसके हाथ
नामे[9] किसी बहार-ए-शमाइल[10] से आए हैं

1. सामने से 2. कामयाब, सफल 3. तारे 4. सभा 5. मौत 6. पग, कदम 7. क़ातिल की गली 8. पतझड़ की हवा 9. पत्र 10. बहार जैसी सुन्दर।

(10)

शाम-ए-फ़िराक़[1] अब न पूछ आई और आके टल गई
दिल था कि फिर बहल गया जाँ थी कि फिर सँभल गई

बज़्म-ए-ख़्याल[2] में तेरे हुस्न की शमा जल गई
दर्द का चाँद बुझ गया हिज्र[3] की रात ढल गई

जब तुझे याद कर लिया, सुबह महक-महक उठी
जब तेरा ग़म जगा लिया रात मचल-मचल गई

दिल से तो हर मुआमला[4] करके चले थे साफ़ हम
कहने में उनके सामने बात बदल-बदल गई

आख़िर-ए-शब्र[5] के हम-सफ़र 'फ़ैज़' न जाने क्या हुए
रह गई किस जगह सबा[6], सुबह किधर निकल गई

---

1. वियोग 2. ध्यान की सभा 3. वियोग 4. बात, लेन-देन 5. पिछली रात 6. पवन।

(11)

गर्मी-ए-शौक़-ए-नज़्ज़ारा[1] का असर तो देखो
गुल खिले जाते हैं वो साया-ए-दर[2] तो देखो

ऐसे नादाँ[3] तो न थे जाँ से गुज़रने वाले
नासिहो[4], रहबर-ओ[5]-राहगुज़र[6] तो देखो

वो तो वो हैं तुम्हें, हो जाएगी उल्फ़त मुझसे
एक नजर तुम मेरा महबूब-ए-नज़र तो देखो

दामन-ए-दर्द को गुलज़ार[7] बना रखा है
आओ एक दिन-ए-पुरखूं[8] का हुनर[9] तो देखो

सुबह की तरह झमकता है शब[10]-ए-ग़म का उफ़क़[11]
'फ़ैज़' ताबिंदगी-ए-दीदा-ए-तर[12] तो देखो

---

1. दर्शन के शौक़ की गरमी 2. दरवाजे की छाया 3. मूर्ख 4. उपदेशक 5. समझाने वाला 6. रास्ता 7. बाग़ 8. खून में डूबे दिल 9. कला 10. दुःख की रात 11. क्षितिज 12. भीगी आँखों की रोशनी।

(12)

शहर में चाक[1] गरीबाँ[2] हुए नापैद अब के
कोई करता ही नहीं ज़ब्त[3] की ताकीद[4] अब के

लुत्फ़ कर[5] ऐ निगाह-ए-यार कि ग़म वालों ने
हसरत-ए-दिल[6] की उठाई नहीं तमहीद[7] अब के

चाँद देखा तेरी आँखों में न होंठों पे शफ़क़[8]
मिलती-जुलती है शब-ए-ग़म[9] से तेरी दीद[10] अब के

दिल दुखा है न वो पहला सा, न जाँ तड़पी है
हम ही ग़ाफ़िल[11] थे कि आई ही नहीं ईद अब के

फिर से बुझ जाएँगी शमाएँ जो हवा तेज चली
ला के रख़ो सर-ए-मेहफ़िल12 कोई ख़ुर्शीद13 अब के

---

1. दीवाने 2. लुप्त 3. सहनशीलता 4. निर्देश 5 कृपा 6. दिल की चाहत 7. आरम्भ, भूमिका 8. उषा 9. दुःख की रात 10. दर्शन 11. बेखबर 12. सभा 13. सूरज।

(13)

शायद कभी अफ़शा[1] हो निगाहों पे तुम्हारी
हर सादा वरक़[2] जिस सुख़न-ए-कुश्ता[3] से खूं है

शायद कभी उस गीत का परचम[4] हो सर अफ़राज़[5]
जो आमद-ए-सर-सर[6] की तमन्ना में निगूँ[7] है

शायद कभी उस दिल की कोई रग तुम्हें चुभ जाए
जो संग-ए-सर-ए-राह की मानिन्द ज़बूँ[8] है

1. खुले 2. पृष्ठ 3. घायल शब्दों से 4. झण्डा 5. ऊँचा 6. तेजस्वी 7. नीचा 8. बर्बाद, उजड़ा।

(14)

ये ख़ूं की महक है कि लब-ए-यार[1] की ख़ुशबू
किस राह की जानिब[2] से सबा[3] आती है देखो

गुलशन में बहार आई कि जिन्दाँ[4] हुआ आबाद
किस सम्त[5] से नग़्मों[6] की सदा आती है देखो

---

1. यार के होंठों की सुगन्ध 2. दिशा 3. पवन 4. बन्दीगृह 5. दिशा 6. संगीत की आवाज।

(15)

रात ढलने लगी है सीनों में
आग सुलगाओ आबगीनों[1] में

दिल-ए-उश्शाक़[2] की ख़बर लेना
फूल खिलते हैं इन महीनों में

आज तन्हाई किसी हमदम-ए-देरी[3] की तरह
करने आई है मेरी साक़ी-गरी[4] शाम ढले

मुन्तिज़र[5] बैठे हैं हम दोनों कि महताब[6] उभरे
और तेरा अक्स[7] झलकने लगे हर साए[8] तले

---

1. शराब के प्यानों में 2. प्रेमियों 3. पुराने दोस्त 4. शराब पिलाने के लिए 5. प्रतीक्षारत 6. चन्द्रमा 7. प्रतिबिम्ब 8. छाया।

(16)

हम ख़स्तातनों[1] से मुहटसिबो[2] क्या माल-ओ-मनाल[3] का पूछते हो
जो उम्र से हमने भर पाया, सब सामने लाए देते हैं

दामन में है मुश्त-ए-ख़ाक[4]-ए-जिगर सागर में है ख़ून-ए-हसरत-ए[5] मय[6]
लो हमने दामन झाड़ दिया लो जाम उलटाए देते हैं

---

1. दुःखी, घायल 2. रोक-टोक करने वाले 3. माल, दौलत 4. मुट्ठी भर धूल 5. आकांक्षाओं का खून 6. शराब।

(17)

इन दिनों रस्म-ओ-रह-ए-शहर-ए-निगाराँ[1] क्या है
क़ासिदा[2] क़ीमत-ए-गुलगश्त-ए-बहाराँ[3] क्या है

कू-ए-जानाँ है[4] कि मक़तल[5] कि मयख़ान है
आजकल सूरत-ए-बर्बादी-ए-याराँ[6] क्या है

1. रीति-रिवाज प्रिय के नगर का 2. सन्देश लाने वाले 3. बहार में बाग़ की सैर करने का मूल्य 4. यार की गली 5. क़त्ल का मैदान 6. तरीका, ढंग।

(18)

जब तेरी समन्दर आँखों में
यह धूप किनारा, शाम ढले!

मिलते हैं दोनों वक़्त जहाँ
जो रात न दिन जो आज न कल

पल भर को अमर, पल भर में धुआँ
इस धूप किनारे, पल दो पल

होंठों की लपक, बाँहों की छनक
ये मेल हमारा झूठ न सच

क्यों राज़[1] करो क्यों दोष धरो?
किस कारण झूठी बात करो

जब तेरी समन्दर आँखों में
इस शाम का सूरज डूबेगा

सुख सोएँगे घर दर वाले
और राही अपनी राह लेगा

---

1. भेद।

(19)

हम कि ठहरे अजनबी इतनी मदरातों[1] के बाद
फिर बनेंगे आशना कितनी मुलाक़ातों के बाद

कब नज़र में आएगी बे दाग़ सब्ज़े की बहार
ख़ून के धब्बे धुलेंगे कितनी बरसातों के बाद

थे बहुत बे दर्द लमहे ख़त्म-ए-दर्द-ए-इश्क़ के
थी बहुत बे मेहर[2] सुबहें मेहरबाँ रातों के बाद

दिल तो चाहा पर शकस्त-ए-दिल[3] ने मोहलत ही न दी
कुछ गिले शिकवे भी कर लेते मुनाजातों[4] के बाद

उनसे जो कहने गए थे 'फ़ैज़' जाँ सदक़ा[5] किए
अन कही ही रह गई वो बात सब बातों के बाद

---

1. मेहरबानियों के बाद, स्वागत-सत्कार के बाद 2. ज़ालिम, निष्ठुर 3. दिल टूटने 4. प्रशंसाओं 5. जान को न्यौछावर करते हुए।

(20)

सितम सिखलाएगा रस्म[1]-ए-वफ़ा ऐसे नहीं होता
सनम दिखलायेंगे राह[2]-ए-ख़ुदा ऐसे नहीं होता

गिनो सब हसरतें[3] जो ख़ूं हुई हैं तन के मक़तल में
मेरे क़ातिल हिसाब-ए-खूं बहा[4] ऐसे नहीं होता

हो में काम आती हैं न तदबीरें न ताज़ीरें[5]
पैमान[6]-ए-तस्लीम-ओ-रज़ा[7] ऐसे नहीं होता

हर एक शब[8] हर घड़ी गुज़रे क़यामत यूँ तो होता है
मगर गर सुबह हो रोज़-ए-जज़ा[9] ऐसे नहीं होता

रखाँ है नब्ज़[10]-ए-दौराँ[11] गरदिशों[12] में आस्माँ सारे
जो तुम कहते हो सब कुछ हो चुका ऐसे नहीं होता

---

1. वफ़ादारी की रीति 2. मार्ग 3. आकांक्षाएँ 4. खून के बदले का हिसाब 5. सज़ाएँ 6. पक्का वादा, प्रतिज्ञा 7. मानना 8. रात 9. उपाधि 10. नाड़ी 11. ज़माना 12 आकश चक्र।

(21)

अपने इन्आम-ए-हुस्न[1] के बदले
हम तही[2] दामनों से क्या लेना

आज फ़ुर्क़त ज़दों[3] पे लुत्फ़[4] करो
फिर कभी सब्र आज़मा लेना

---

1. उपाधि 2. खाली दामनवाले 3. वियोग के मारे हुआ 4. मेहरबानी।

(22)

मैं क्या लिखूँ जो मेरा और तुम्हारा रिश्ता है
वो आशिक़ी ज़बां में कहीं भी दर्ज[1] नहीं

लिया गया है बहुत लुत्फ़-ए-वस्ल[2]
ओ-दर्द-ए-फ़िराक़[3]

मगर ये कैफ़ियत[4] अपनी रक़म[5] नहीं है कहीं
ये अपना इश्क़ हम आग़ोश[6] जिसमें हिज्र-ओ-विसाल[7]

ये अपना दर्द कि है कब से हमदम-ए-
महा-ओ-साल

इस इश्क़-ए-ख़ास को हर एक से छुपाए हुए
गुज़र गया है ज़माना गले लगाए हुए

---

1. लिखा हुआ 2. मिलन का आनन्द 3. वियोग का दुःख 4. हाल 5. लिखी हुई 6. गोद मिले हुए महीने और वर्षा का साथी [7]. मिलन और वियोग।

(23)

हम मुसाफ़िर यूं ही मसरुफ़[1]-ए-सफ़र जाएँगे
बे-निशाँ[2] हो गए जब शहर तो घर जाएँगे

किस क़दर होगा यहाँ मेहर-ओ-वफ़ा[3] का मातम
हम तेरी याद से जिस रोज़ उतर जाएँगे

जौहरी बन्द किए जाते हैं बाज़ार-ए-सुख़न[4]
हम किसे बेचने इल्मास[5]-ओ-गुहर जाएँगे

नेमत-ए-ज़ीस्त[6] का ये क़र्ज़ चुकेगा कैसे
लाख घबरा के ये कहते रहें मर जाएँगे!

'फ़ैज़' आते हैं रह-ए-इश्क़[7] में जो सख़्त मक़ाम[8]
आने वालों से कहो हम तो गुज़र जाएँगे

---

1. व्यस्त, या सक्रिय 2. लापता 3. प्रेम और मोहब्बत का रोग 4. शायरी 5. हीरा और मोती 6. ज़िन्दगी में प्राप्त समृद्धि 7. प्रेम के रास्ते में 8. कठिन स्थान।

(24)

गड़ी हैं कितनी सलीबें[1] मेरे दरीचे में
हर एक अपने मसीहा के ख़ूँ का रंग लिए

हर एक वस्ल-ए-ख़ुदावन्द[2] की उमंग लिए
किसी पे करते हैं अब्र-ए-बहार[3] को क़ुरबाँ

किसी पे क़त्ल मह-ए-ताबनाक[4] करते हैं
किसी पे होती हैं सरमस्त[5] शाख़्सार[6]-ए-दो नमी[7]

किसी पे बाद-ए-सबा[8] को हलाक़[9] करते हैं
आए दिन यह ख़ुदावन्दगान-ए-मेहर-ओ-जमाल[10]

लहू में ग़र्क़[11] मेरे ग़मकदे[12] में आते हैं
और आए दिन मेरी नज़रों के सामने उनके
शहीद जिस्म सलामत[13] उठाए जाते हैं

---

1. सूली 2. खुदा, भगवान् के मिलन 3. बहार 4. चमकता चाँद 5. उन्मादित 6. शाखाएँ 7. आधे-आधे टुकड़े करना 8. पवन 9. हत्या 10. रूप और मेहरबानी के मालिक 11. डूबे हुए 12. दुःखी घर में 13. सुरक्षित।

(25)

ये गलयों के आवारा बेकार कुत्ते
कि बख़्शा गया जिनको ज़ौक़-ए-ग़दाई[1]

ज़माने की फिटकार सरमाया[2] इनका
जहाँ भर कीं धित्कार उनकी कमाई

न आराब शब[3] को न राहत सवेरे
ग़िलाज़त[4] में घर नालियों में बसेरे

जो बिगड़ें तो इक-दूसरे से लड़ा दो
ज़रा एक रोटी का टुकड़ा दिखा दो

ये हर एक की ठोकरें खाने वाले
ये फ़ाक़ों से उकता के मर जाने वाले

---

1. भीख माँगने का चस्तका 2. धन-दौलत 3. रात 4. गन्दगी।

(26)

मत रो बच्चे
रो रो के अभी
तेरी अम्मी की आँख लगी है...
कुछ ही पहले
तेरे अब्बा ने

अपने गम से रुख़सत[1] ली है...
तेरा भाई
अपने ख़्वाब की तितली पीछे
दूर कहीं परदेस गया है...
तेरी बाजी का डोला पराए देस गया है...

तू गर रोएगा तो यह सब
और भी तुझको रुलाएंगे
तो मुस्काएगा तो शायद
सारे एक दिन भेस बदलकर
तुझसे ख़ेलने लौट आएँगे।

1. छुट्टी।

(27)

आ गई फसल-ए-सुकूं चाक गरिबाँ वाले!
सिल गए होंठ, कोई जख़्म सिले या न सिले

दोस्तो! बज़्म सजाओ कि बहार आई है
खिल गए ज़ख्म, कोई फूल खिले या न खिले

(28)

तेरे होंठों के फूलों की चाहत में हम
दार[1] की ख़ुश्क टहनी पे वारे गए

तेरे हाथें की शमओं की हसरत[2] में हम
नीम तारीक[3] राहों में मारे गए

सूलियों पर हमारे लबों से परे
तेरे होंठों की लाली लपकती रही

तेरी ज़ुल्फ़ों की मस्ती बरस्ती रही
तेरे हाथों की चाँदी दमकती रही

क़त्लगाहों से चुनकर हमारे अलम
और निकलेंगे उश्शाक़[4] के क़ाफ़ले

जिनकी रहा-ए-तलब[5] से हमारे क़दम
मुख़तसर[6] कर चले दर्द के फ़ासले

---

1. सूली 2. चाहत 3. आधे अन्धेरे रास्ते 4. प्रेमी 5. चाहत के रास्तों से 6. कम करना, छोटा करना।

(29)

सितम की रस्में[1] बहुत थीं लेकिन न थी
तेरी अंजुमन[2] से पहले
सज़ा ख़ता-ए-नज़र से पहले, इताब[3]
जुर्म-ए-सुख़न से पहले

जो चल सको तो चलो कि राह-ए-वफ़ा
बहुत मुख़तसर[4] हुई है
मक़ाम है अब कोई न मंज़िल,
फराज़-ए-दार-ओ-रसन[5] से पहले

करे कोई तेग़[6] का नज़ारा, अब उनको ये
भी नहीं गंवारा
ब-ज़िद है क़ातिल कि जान-ए-बिस्मिल
फ़िगार[7] हो जिस्म-औ-तन से पहले

गुरुर-ए-सर्व-ओ-समन[8] से कह दो कि
फिर वही ताजदार होंगे
जो खार-ओ-ख़स[9] वाली-ए[10]-चमन
थे उरुज[11]-ए-सर्व-ओ-समन से पहले

इधर तक़ाज़े हैं मसलहत के उधर
तक़ाज़ा-ए-दर्द-ए-दिल है
ज़बां सँभालें कि दिल सँभालें असीर[12]
ज़िक्र-ए-वतन[13] से पहले

---

1. रीति 2. सभा 3. गुस्सा बात करने से पहले 4. छोटी 5. सूली का ऊँचाई 6. तलवार 7. ज़ख़मी 8. सर्व और चमेली का घमण्ड 9. कांटे और घास 10. राजा 11. उदय 12. बन्दी क़ैदी 13. स्वदेश की चर्चा।

(30)

सच है हमीं को आपके शिकवे[2] बजा ना थे
बे-शक, सितम जनाब के सब दोस्ताना थे

हाँ जो जफ़ा भी आपने की क़ायदे से की
हाँ हम ही कारबदं-ए-उसूल-ए-वफ़ा न थे

आए तो यूँ कि जैसे हमेशा थे मेहरवाँ
भूले तो यूं कि गोया कभी आशना न थे

क्यों दाद-ए-ग़म[3] हमीं ने तलब की बुरा किया
हमसे जहाँ में कुश्ता-ए-ग़म[4] और क्या न थे

गर फ़िक्र-ए-ज़ख़म की तो ख़तावर हैं कि हम
क्यों मह्वे मदह-ए-ख़ूबी-ए-तेग-ए-अदा[5] न थे

हर चारागर को चारागरी[6] से गुरेज़[7] था
वरना हमें जो दुख थे बहुत लादवा[8] न थे

लब पर है तल्ख़ी-ए-मय-ए-अय्याम[9] वरना 'फ़ैज़'
हम तल्ख़ी-ए-कलाम[10] पे माइल[11] ज़रा न थे

---

1. प्रिया से शिकायत 2. शिकायत 3. ग़म की प्रशंसा 4. ग़म के मारे हुए 5. तलवार की अदा की प्रशंसा में व्यस्त 6. चिकित्सा 7. बचना 8. इलाज के क़ाबिल न होना 9. जमाने की शराब की कड़वाहट 10. बातचीत की कड़वाहट 11. इच्छुक।

(31)

कब याद में तेरा साथ साथ नहीं कब हाथ में
तेरा हाथ नहीं सद शुक्र[1] कि अपनी
रातों में अब हिज्र[2] की कोई रात नहीं

मुश्किल हैं अगर हालात वहाँ, दिल
बेच जाएं जाँ दे आएं दिल वालो,
कूचा-ए-जानाँ में क्या ऐसे भी हालात नहीं

जिस धज से कोई मक़तल[3] में
गया वो शान सलामत रहती है ये जान तो
आपनी जानी है इस जान की कोई बात नहीं

मैदान-ए-वफ़ा दरबार नहीं यां
नाम-ओ-नसब[4] की पूछ कहाँ आशिक़ तो
किसी का नाम नहीं, कुछ इश्क़ किसी की ज़ात नहीं

गर बाज़ी इश्क़ की बाज़ी है जो चाहो
लगा दो डर कैसा गर जीत गए तो क्या
कहना, हारे भी तो बाजी मात नहीं

---

1. सैकड़ों बार धन्यवाद 2. वियोग 3. क़त्ल की जगह 4. जात-पात, खानदान।

(32)

हम पर तुम्हारी चाह का इल्ज़ाम ही तो है
दुश्नाम[1] तो नहीं हैं ये इकराम[2] ही तो है

दिल नाउमीद तो नहीं नाकाम ही तो है
लम्बी है ग़म की शाम मगर शाम ही तो है

करते हैं जिस पे तान[3] कोई जुर्म तो नहीं
शौक़-ए-फ़जूल-ओ-उल्फ़त-ए-नाकाम[4] ही तो है

दिल मुद्दई के हर्फ़-ए-मलामत[5] से शाद है
ऐ जान-ए-जाँ ये हर्फ़ तेरा नाम ही तो है

दस्त-ए-फ़लक में गरदिश-ए-तक़दीर[6] तो नहीं
दस्त-ए-फ़लक[7] में गरदिश-ए-अय्याम[8] ही तो है

आख़िर तो एक रोज़ करेगी नज़र वफ़ा
वो यार-ए-ख़ुश-ख़िसाल[9] सर-ए-बाम[10] ही तो है

भीगी है रात 'फ़ैज़' ग़ज़ल इब्तिदा[11] करो
वक़्त-ए-सरोद[12] दर्द का हंगाम[13] ही तो है

---

1. ग़ाली 2. उपाधि 3. ताने, व्यंग्य 4. बेकार का शौक 5. बुरा भला कहने से ख़ुश 6. चक्र 7. हाथ, आसमान का 8. दिनों का चक्र 9. अच्छी आदत वाला 10. छत के ऊपर 11. आरम्भ 12. संगीत का समय 13. शोर।

(33)

सब्ज़ा सब्ज़ा सूख रही है फीकी, ज़र्द[1] दोपहर
दीवारों को चाट रहा है तनहाई[2] का ज़हर
दूर उफ़क़[3] तक घटती-बढ़ती उठती-गिरती रहती है
कुहर की सूरत बे रौनक़[4] दर्दों की गदली लहर
बस्ता है इस कुहर के पीछे रौशनियों का शहर

ऐ रौशनियों के शहर कौन कहे किस सम्त[5] है
तेरी रौशनियों की राह हर जानिब बे नूर[6] खड़ी है हिज़्र[7]
की शहर पनाह थक कर हर सू बैठ रही है शौक़[8] की माँदी सिपाह[9]
आज मेरा दिल फिक्र[10] में है

ऐ रौशनियों के शहर शबखूँ[11]
से मुँह फेर न जाए अरमानों[12] की रौ
ख़ैर[13] हो तेरी लैलाओं की उन सबसे कह दो
आज की शब[14] जब दिये जलाएँ ऊँची रक्खें लौ

---

1. पीली 2. अकेलापन 3. क्षितिज 4. भद्दी 5. दिशा 6. अँधेरे में 7. वियोग 8. प्यार 9. सेना 10. ख्याल करना 11. रात का हमला 12. आकांक्षा 13. भला 14. रात।

(34)

कूए[1]-सितम की ख़ामशी आबाद कुछ तो हो
कुछ तो कहो सितम कशो फ़रयाद[2] कुछ तो हो
बेदादगर[3] से शिकवा-ए-बेदाद[4] कुछ तो हो

बोलो कि शोर-ए-हश्र की[5] ईजाद[6] कुछ तो हो
मरने चले तो सितवत-ए-क़ातिल[7] का ख़ौफ़[8] क्या
इतना तो हो कि बाँधने पाए न दस्त-ओ-पा[9]

मक़तल[10] में कुछ तो रंग जमे जश्न-ए-रक़्स[11] का
रंगीं लंहू से पन्जा-ए-सय्याद[12] कुछ तो हो
खूं पर गवाह दामन-ए-जल्लाद कुछ तो हो

जब खूं बहा[13] तलब करें बुनियाद कुछ तो हो
गर तन नहीं जबाँ सही आज़ाद कुछ तो हो
दुश्नाम[14] नाला[15] हो-ओ-हू[16] फ़रयाद कुछ तो हो

चीखे है दर्द-ए-दिल-ए-बरबाद कुछ तो हो
बोलो कि शोर-ए-हश्र[17] की इजाद कुछ तो हो
बोलो कि रोज़-ए-अदल[18] की बुनियाद कुछ तो हो

---

1. गली 2. शोषित 3. ज़ालिम 4. ज़ुल्म की फ़रयाद 5. प्रलय का शोर 6. बुनियाद 7. रौब, शान 8. डर 9. हाथ-पाँव 10. क़त्ल करने की जगह 11. नृत्य समारोह 12. क़ैद करने वाले के हाथ 13. ख़ून का बदला 14. गाली 15. फ़रयाद 16. शोर-शराबा 17. प्रलय के दिन 18. न्याय का दिन।

(35)

तुम मेरे पास रहो, मेरे क़ातिल मेरे दिलदार मेरे पास रहो
जिस घड़ी रात चले आसमानों का लहू पी के सियह रात चले
मरहम-ए-मुश्क[1] लिये नश्तर-ए-इल्मास[2] लिये

बैन[3] करती हुई हँसती हुई गाती निकले दर्द की
कासनी पाज़ेब बजाती निकले जिस घड़ी सीनों में डूबे हुए दिल
आस्तीनों में निहाँ[4] हथों की रह तकने लगें

आस लिये और बच्चों के बिलकने के लिए
क़ुलक़ुल-ए-मय[5] बहर-ए-[6]-आसूदगी[7]
मचले तो मनाए न मने जब कोई बात बनाए न बने

जब कोई बात चले जिस घड़ी रात चले
जिस घड़ी मातमी[8] सुनसान सियह रात चले
तुम पास रहो, मेरे क़ातिल मेरे दिलदार मेरे पास रहो

---

1. हीरा 2. फ़रयाद करती हुई 3. छुपे 4. शराब की सुराही 5. वास्ते 6. असन्तुष्टि 7. फ़रयाद भरी
8. सुगन्ध का मरहम।

(36)

जमेगी कैसे बिसात-ए-यारों[1] कि शोशा-ओ-जाम[2] बुझ गए हैं
सजेगी कैसे शब-ए-निगारां[3] कि दिल सर-ए-शाम बुझ गए है

वो तीरगी है रह-ए-बुताँ[4] में चराग़-ए-रुख़[5] है न शम-ए-वादा[6]
किरन कोई आरज़ू की लाओ कि सब दर-ओ-बाम[7] बुझ गए हैं

बहुत सँभाला वफ़ा का पैमाँ[8] मगर वो बरसी है अब के बरख़ा
हर इक इक़रार[9] मिट गया है तममा पैग़ाम बुझ गए हैं

क़रीब आ ऐ मह-ए-शब-ए-ग़म[10] नज़र में खुलता नहीं कुछ इस दम
कि दिल पे किस-किसका नक़्श[11] बाक़ी है कौन से नाम बुझ गए हैं

बहार अब आके क्या करेगी कि जिनसे था जश्न-ए-रंग-ओ-नग़मा[12]
वो गुल सर-ए-शाख़[13] जल गए हैं वो दिल तह-ए-दाम[14] बुझ गए है

---

1. यारों की सभा 2. शराब के प्याले 3. प्रिया की रात 4. अन्धेरा 5. पूरब का दिया 6. वादे की शमा 7. दरवाज़े और छत 8. वादा 9. प्रतिज्ञा 10. ग़म की रात के चाँद 11. लकीरें, निशान 12. संगीत और रंगीनी का पर्व 13. शाख़ पर 14. ज़ाल के नीचे।

(37)

फूल मुर्झा गए हैं सारे
थमते नहीं आसमाँ के आँसू
शम्मएं बेनूर[1] हो गई हैं

आईने चूर हो गए हैं
साज़[2] सब बज के खो गए हैं
पायलें बुझ के सो गई हैं

और इन बादलों के बादलों के पीछे
दूर उस रात का दुलारा
दर्द का सितारा

टिमटिमा रमा है
झनझना रहा है
मुस्करा रहा है

1. अंधेरी 2. बाजे।

(38)

वो बुतों ने डाले हैं वस्वसे[1] कि दिलों से ख़ौफ़-ए-ख़ुदा[2] गया
वो पड़ी हैं रोज़ क़यामतें कि ख़्याल-ए-रोज़-ए-जज़ा[3] गया

जो नफ़स[4] या ख़ार-ए-गुल[5] बना जो उठे तो हाथ क़लम[6] हुए
वो निशात-ए-आह-सहर[7] गई वो विक़ार-ए-[8] दस्त-ए-दुआ गया

न वो रंग फ़सल-ए-बहार का न रविश[9] वा अब्र[10]-ए-बहार की
जिस अदा से यार थे आशना[11] वो मिज़ाज-ए-बाद-ए-सबा[12] गया

अभी बादबान को तह[13] रखो अभी मुज़तरिब हैं[14] रुख़-ए-हवा
किसी रास्ते हैं मुन्तिज़र[15] वो सुकूँ जो आके चला गया

---

1. आशंका 2. खुदा का डर 3. क़यामत का दिन 4. साँस 5. गले का काँटा 6. काटे गए 7. सुबह की फ़रयाद का मज़ा 8. दुआ के हाथ का सम्मान 9. रास्ते का तरीक़ा 10. बादल 11. जानना 12. पवन 13. बन्द 14. बेचैन 15. प्रतीक्षक।

(39)

जलने लगीं यादों की चिताएँ
आओ कोई बैय[1] बनाएँ

जिनकी रह तकते जुग बीते
जाने वो आएँ या नहीं आएँ

अपने दर्दों को मुकुट पहनकर
बेदर्दों के सामने जाएँ

जब रोना आवे मुसकाएँ
जब दिल टूटे दीप जलाएँ

प्रेम क्या का अन्त न कोई
कितनी बार उसे दोहराएँ

प्रीत की रीत, अनोखी साजन
कुछ नहीं माँगें सब कुछ पाएँ

'फ़ैज़' उनसे क्या बात छुपी है
हम कुछ कहकर क्यों पछताएँ

---

1. मिसरा, कविता की पंक्ति।

(40)

वो दर[1] खुला मेरे ग़मकदे[2] का
वो आ गए मेरे मिलने वाले
वो आ गई शाम अपनी राहों में
फ़र्श-ए-अफ़सुर्दगी[3] बिछाने

वो आ गई रात चाँद-तारों को
अपनी आज़ुर्दगी[4] सुनाने
वो सुबह आई दमकते नश्तर से
याद के ज़ख़्म को मनाने

वो दोपहर आई, आस्ती में
छुपाए शोलों के ताज़ियाने[5]
ये आए सब मेरे मिलने वाले
कि जिनसे दिन-रात वास्ता[6] है...

ख़्याल-सू-ए-वतन[7] रवाँ है
समन्दरों की अयाल थामे
हज़ारों व्हम-ओ-गुमां[8] सँभाले
कई तरह के सवाल थामे

---

1. दरवाजा, द्वार 2. दुःखों का निवास 3. उदासी का फ़र्श 4. दुःख 5. कोड़े 6. सम्बन्ध पड़ता है 7. ध्यान जन्मभूमि की ओर जाता है 8. घोड़ों की बागडोर।

(41)

न गँवाओ नावुक[1]-ए-नीमकश[2] दिल-ए-रेज़ा रेज़ा[3] गँवा दिया
जो बचे है संग[4] समेट लो, तन-ए-दाग़-दाग़[5] लुटा दिया

मेरे चारागर[6] को नवेद[7] हो सफ़-ए-दुशमनाँ[8] को ख़बर करो
वो जो क़र्ज़ रखते थे जान पर वो हिसाब आज चुका दिया

करो कज[9] ज़बी[10] पे सर-ए-कफ़न[11] मेरे क़ातिलों को गुमाँ[12] न हो
कि गुरुर[13]-ए-इश्क़ का बाँकपन पास[14]-ए-मर्ग हमने भुला दिया

उधर एक हर्फ़[15] कि कुश्तनी[16] यहाँ लाख उज़्र था गुफ़तनी[17]
जो कहा तो सुन के उड़ा दिया, जो लिखा तो पढ़ के मिटा दिया

जो रुके तो कोह-ए-गराँ[18] थे हम जो चले तो जाँ से गुज़र गए
रह-ए-[19] यार हमने क़दम-क़दम तुझे यादगार बना दिया

---

1. तीर 2. आधे खिंचे हुए 3. टुकड़े-टुकड़े 4. पत्थर 5. जला हुआ 6. इलाज करने वाला 7. अच्छी खबर 8. दुश्मनों की पंक्तियों को 9. टेढ़ा 10. माथे पर 11. कफ़न का सिरा 12. आशंका 13. प्रेम का मान 14. मरने के बाद 15. शब्द 16. 'मार डालने के योग्य है' 17. कहने की बात 18. भारी पहाड़ 19. मार्ग।

(42)

दश्त-ए-तनहाई[1] में ऐ जान-ए-जहाँ लरज़ाँ[2] है
तेरी आवाज के साये, तेरे होंठों के सुराब[3]

दश्त-ए-तन्हाई में दूरी है ख़स-ओ-ख़ाक[4] तले
खिल रहे हैं तेरे पहलू के समन[5] और गुलाब

उठ रही है कहीं क़ुर्बत[6] से तेरी साँस की आँच
अपनी ख़ुशबू में सुलगती हुई मद्धम-मद्धम

दूर, उफ़क़[7] पार, चमकती हुई क़तरा-क़तरा
गिर रही है तेरी दिलदार नज़र की शबनम[8]

इस क़दर प्यार से जान-ए-जहाँ[9] रखा है
दिल के रुख़सार पे इस वक़्त तेरे प्यार ने हाथ

यूँ गुमाँ[10] होता है गरचे है अभी सुबह-ए-फिराक़[11]
एल गया हिज्र[12] का दिन आ भी गई वस्ल[13] की रात

---

1. एकान्त के जंगल में 2. काँप रहे हैं 3. रेत की लहरें जिन पर पानी का धोखा हो, मृगतृष्णा 4. कूड़ा-करकट 5. चमेली 6. पास आने से 7. क्षितिज 8. ओस 9. जानों की जान, प्यारी, प्रिया 10. यूँ लगता है 11. वियोग की सुबह 12. वियोग 13. मिलन।

(43)

शाम के पेच-ओ-ख़म[1] सितारों से
जीना-ज़ीना उतर रही है रात यूँ सबा[2] पास से गुज़रती है

जैसे कह दी किसी ने प्यार की बात
सहन-ए-ज़िन्दाँ[3] के बेवतन अश्जार[4]

सर निगूँ[5] मह्व[6] हैं बनाने में
दामन-ए-आसमाँ पे नक़्श-ओ-निगार[7]

शाना-ए-बाम[8] पर दमकता है
मेहरबाँ चाँदनी का दस्त-ए-जमील[9]

ख़ाक में घुल गई है आब-ए-नुजूम[10]
दिल में पैहम[11] ख्याल कहता है

इतनी शीरींक[12] है ज़िन्दगी इस पल
ज़ुल्म का ज़हर घोलने वाले

कामाँ[13] हो सफेंगे आज न कल
जलवा गाह-ए-विसाल[14] की शम्मएँ

वो बुझा भी चुके अगर तो क्या
चाँद को गुल[15] करें तो हम जानें

1. टेढ़े-मेढ़े 2. हवा 3. बंदीखाने के आँगन में 4. वृक्ष 5. सर झुकाए 6. खोये हुए 7. फूल-बूंटे 8. कोठे के कन्धे 9. सुन्दर हाथ 10. सितारों की चमक 11. निरन्तर 12. मधुर 13. सफल 14. मिलन 15. बुझाएँ।

(44)

रंग पैराहन[1] का ख़ुशबू ज़ुल्फ़ लहराने का नाम
मौसम-ए-गुल[2] है तुम्हारे बाम पर आने का नाम

दोस्तो, उस चश्म-ओ-लब[3] की कुछ कहो जिसके बग़ैर
गुलसिताँ[4] की बात रगीं है न मयख़ाने[5] का नाम

फिर नज़र में फूल महके, दिल में फिर शमएं जलीं
फिर तसव्वुर[6] ने लिया उस बज़्म[7] में जानें का नाम

दिलबरी[8] ठहरी ज़ुबान-ए-ख़ल्क़[9] ख़ुलवाने का नाम
अब नहीं लेते परी-रु[10] ज़ुल्फ़ बिखराने का नाम

अब किसी लैला को भी इक़रार-ए-महबूबी[11] नाम
इन दिनों-बदनाम है हर एक दीवाने का नाम

मुहतसिब[12] की ख़ैर[13] ऊँचा है उसी के फ़ैज़[14] से
रिन्द[15] का, साक़ी का, मय[16] का, ख़ुम[17] का पैमाने नाम का

हमसे कहते है चमन वाले ग़रीबान-ए-चमन
तुम कोई अच्छा से रख लो, अपने वीराने का नाम

'फ़ैज़' उनको है तक़ाज़ा-ए-वफ़ा[18] हमसे जिन्हें
आश्ना[19] के नाम से प्यारा है बेगाने[20] का नाम

---

1. वस्त्र, कुरता 2. बहार 3. आँख और होंठ 4. बाग़, चमन 5. शराबख़ाना 6. कल्पना 7. सभा 8. प्रेम 9. जन-चर्चा 10. प्रिय 11. प्रियतम होना मंजूर नहीं 12. प्रेक्षक, रोक-टोक करने वाला 13. (उसका) भला हो 14. उसी के कारण 15. शराबियों का 16. शराब का 17. शराब का मटका 18. वफ़ा का तक़ाज़ा 19. दोस्त 20. अनजान।

(45)

दरबान-ए-वतन में जब इक दिन सब जाने वाले जाएँगे,
कुछ अपनी सज़ा को पहुँचेंगे कुछ अपनी जज़ा[1] ले जाएँगे

ऐ ख़ाक नशीनों[2] उठ बैठो, वो वक़्त क़रीब आ पहुँचा है,
जब तख़्त निराए जाएँगे जब ताज उछाले जाएँगे

अब टूट गिरेंजी ज़जीरें अब ज़िन्दनों[3] की ख़ैर नहीं
जो दरया झूम के उठ्ठे हैं तिन्कों से न टाले जाएँगे

करते भी चलो बढ़ते भी चलो बाज भी बहुत हैं सर भी बहुत
चलते भी चलो कि अब डेरे मंजिल ही पे डाले जाएँगे

ऐ ज़ुल्म के मारो[4] लब खोलो, चुप रहने वालो
चुप कब तक कुछ हश्र[5] तो इनसे उठ्ठेगा कुछ दूर तो नाले जाएँगे

---

1. इनाम 2. धरती पर पड़े रहने वालो 3. बन्दीखाने 4.अत्याचार के मारे हुए 5. प्रलय।

(46)

तुम्हारी याद के जब ज़ख़्म भरने लगते है
किसी बहाने तुम्हें याद करने लगते हैं

हदीस-ए-यार[1] के उन्वां[2] निखरने लगते हैं
तो हर हरीम[3] में गेसू सँवरने लगते हैं

हर अजनबी हमें महरम[4] दिखाई देता है
जो अब भी तेरी गली से गुज़रने लगते हैं

सबा[5] से करते हैं गुबर्त नसाब[6] ज़िक्र-ए-चमन
तो चश्म-ए-सुबह[7] में आँसू उभरने लगते हैं

वो जब भी क़रते हैं इस नुत्क़-ओ-लब[8] की बख़्यागरी[9]
फ़ज़ा[10] में और भी नग़मे[11] बिखरने लगते हैं

दर-ए-क़फ़स[12] पे अन्धेरे की मुहर लगती है
तो फ़ैज़ दिल में सितारे उभरने लगते हैं

---

1. प्रियतम की बातें 2. शीर्षक 3. घर 4. दोस्त, हमराज 5. हवा 6. दुखियारे 7. प्रभात की आँखों में 8. बोलने पर और होंठों पर 9. सीना-पिरोना 10. वातावरण 11. गीत 12. पिंजरा।

(47)

ये कौन सख़ी[1] हैं जिनके लहू की अशरफ़ियाँ
छन-छन, छन-छन धरती की पैहम प्यासी

कशकोल[2] में ढलती जाती हैं...
ऐ अर्ज़-ए-अजम[3], ऐ अर्ज़-ए-अजम क्यों नोच के हँस-हँस फेंक दिए

इन आँखों नले अपनी नीलम
इन होंठों ने अपने मिरजाँ[4] इन हाथों की बेकल चाँदी

किस काम आई, किस हाथ लगी?
'ऐ पूछने वाले परदेसी ये तिफ़्ल-ओ-जवाँ[5]

इस नूर के नौरस[6] मोती हैं
इस आग की कच्ची कलियाँ हैं, जिस मीठे नूर[7]

और कड़वी आग से जुल्म की अन्धी रात में फूटा सुबह[8]
-ए-बग़ावत का गुलशन[9]

---

1. दयालु 2. कमण्डल, भीख का प्याला 3. ईरान की धरती 4. हीरे-मोती, कीमती पत्थर 5. बच्चे, जवान 6. नये 7. उजाला 8. विद्रोह का प्रभात 9. बाग़।

(48)

ये दाग़-दाग़ उजाला यें शवगुज़ीदा[1] सहर
वो इन्तज़ार था जिसका ये वो सहर तो नहीं
ये वो सहर तो नहीं जिसकी आरज़ू लेकर
चले थे यार कि मिल जाएगी कहीं-न-कहीं

फलक[2] पे दश्त[3] में तारों की आखरी मंज़िल
कहीं तो होगा शब-ए-सुस्त मौज[4] का साहिल
कहीं तो जाके रुकेगा सफ़ीना-ए-ग़म-ए-दिल[5]

जवाँ लहू की तर असरार[6] शाहराहों[7] से
चले जो यार तो दामन पे कितने हाथ पड़े
दयार-ए-हुस्न[8] की बेसब्र ख्वाबगाहों[9] से
पुकारती रहीं बाहें बदन बुलाते रहे..

अभी गिरानी-ए-शब में कमी नहीं आई
निजात-ए-शब में कमी नहीं आई
निजात-ए-दीदा-ओ-दिल की घड़ी नहीं आई
चले चलो कि वो मंजिल अभी नहीं आई

---

1. रत की डसी हुई 2. आसमान 3. मैदान 4. धीरे बहने वाली, रात का किनारा 5. दिल के दुःख की कश्ती 6. भेद भरे 7. राजपथ 8. सुन्दरता की नगरी 9. बेचैन रैन-बसेरों से।

(49)

चंद रोज़ और, मेरी जाना, फ़क़त चंद ही रोज़
जुल्म की छाँव में दम लेने पर मजबूर हैं हम
और कुछ देर सितम सह लें तड़प लें रो लें

अपने अजदाद[1] की मीरास[2] हैं माजूर[3] हैं हम
जिस्म पर क़ैद है, जज़बात[4] पे ज़ंजीरें हैं
फ़िक्र[5] महबूस[6] है गुफ़तार[7] पे ताज़ीरें[8] हैं

अपनी हिम्मत है कि हम फिर भी जिये जाते हैं
ज़िन्दगी क्या किसी मुफ़लिस[9] की क़बा[10] है जिसमें
हर घड़ी दर्द के पेवन्द लगे जाते हैं

लेकिन अब ज़ुल्म की मीआद के दिन थोड़े हैं
एक ज़रा सब्र, कि फ़रयाद के दिन थोड़े हैं
अर्सा-ए-दहर[11] की झुलसी हुई वीरानी में

हमको रहना है पे यूँ ही तो नहीं रहना है
अजनबी हाथों का बेनाम गबारा[12] सितम
हमको सहना है पे यूँ ही तो नहीं सहना है

---

1. पूर्वज 2. विरासत 3. मजबूर 4. भावनाएँ 5. चिन्तन 6. बन्दी, जकड़ी हुई 7. बातचीत 8. सज़ाएँ, बंदिशें 9. निर्धन 10. वस्त्र 11. दुनिया के मैदान में 12. भारी।

(50)

निसार मैं तेरी गलियों के ऐ-वतन कि जहाँ
चली है रस्म[1] कि कोई न सर उठाके चले

जो कोई चहाने वाला तवाफ़[2] को निकले
नज़र बचा के चले जिस्म-ओ-जाँ बचा के चले है ऐहल-ए-दिल[3]

के लिए अब ये नज़्म-ए-बस्त-ओ-कुशाद[4]
कि संग-ओ-ख़िश्त[5] मुक़य्यद[6] है और सग आज़ाद

बहुत है ज़ुल्म के दस्त-ए-बहाना-जू[7] के लिए
जो चन्द अहल-ए-जुनूँ[8] तेरे नाम लेवा हैं

बने हैं अहल-ए-हवस[9] मुद्दई भी[10] मुन्सिफ़[11] भी
किसे वकील करें किससे मुन्सिफ़ी[12] चाहें

मगर गुज़ारने वालों के दिन गुज़रते हैं
तेरे फ़िराक़[13] में यूँ सुबह-ओ-शाम करते हैं

गर आप तुझसे जुदा हैं तो कल बहम होंगे
ये रात-भर की जुदाई तो कोई बात नहीं

गर आप ओज पे हैं ताए रक़ीब तो क्या
ये चार दिन की ख़ुदाई तो कोई बात नहीं

जो तुझसे एहद-ए-वफ़ा अस्तवार रखते हैं
इलाज-ए-गर्दिश-ए-लैल-ओ-निहार रखते हैं

---

1. रीति 2. परिक्रमा 3. दिल वालों 4. प्रबन्ध, रोक-टोक 5. ईंट-पत्थर 6. कुत्ते 7. बहाना ढूँढ़ने वाले 8. दीवाने 9. लालची 10. न्याय माँगने वाले 11. न्याय करने वाले 12. इन्साफ़, न्याय 13. वियोग।

(51)

क्यों मेरा दिल शाह[1] नहीं है
क्यों ख़ामोश रहा करता हूँ
छोड़ो मेरी राम कहानी

मैं जैसा भी हूँ अच्छा हूँ
मेरा दिल ग़मगीन[2] है तो क्या
गमगीं ये दुनिया है सारी

यह दुःख तेरा है न मेरा
हम सबकी जागीर है प्यारी
क्यों न जहाँ का ग़म अपनालें

बाद में सब दतबीरें[3] सोचें
सपनों की तावीरें[4] सोचें
बेफ़िकरे धने दौलत वाले

ये आख़िर क्यों खुश रहते हैं?
इन का सुख आपस में बाटें
ये भी आख़िर हम जैसे हैं।

---

1. खुशी 2. दुखी 3. तरकीबें 4. सपनों का परिणाम।

(52)

रात बाकी थी अभी जब सर-ए-वालीं1 आकर
चाँद ने मुझसे कहां, जाग सहर2 आई है

जाग इस शब3 जो मय-ए-ख़्वाब तेरा हिस्सा थी
जाम के लब से तह-ए-जाम उतर आई है

सहन-ए-जिन्दा4 में रफ़कों5 के सुनेहरे चेहरे
सतह-ए-जुल्मत6 से दमकते हुए उभरे कम-कम

नींद की ओस ने उन चेहरों से धो डाला था
देस का दर्द, फ़िराक़-ए-रुख़-ए-महबूब का ग़म

लज़्ज़त-ए-ख़्वाब से मख़मूर हवाएँ जागें
दूर दरवाज़ा खुला कोई, कोई बन्द हुआ

दूर मचली कोई जंज़ीर, मचल के रोई
दूर उतला किसी ताले के जिगर में ख़न्जर

सर पटकने लगा रह-रह के दरीचा7 कोई
मेरे बेकार शब-ओ-रोज़ की नाजुक परियाँ

अपने शह पोर की यह, रह देख रही हैं ये असीर8
जिसके तरकश में हैं उम्मीद के जुलते हुए तीन

---

1. आकाश पर 2. सुबह 3. रात 4. क़ैद-ख़ाना 5. दोस्तों 6. अन्धेरे की परत 7. झरोखा 8. क़ैदी।

(53)

गुज़र रहे हैं शव-ओ-रोज़[1] तुम नहीं आती
रियाज़-ए-ज़ीस्त[2] है आज़ुर्दा-ए-बहार[3] अभी

मेरे ख़्याल की दुनिया है सोगवार अभी
जो हसरतें तेरे ग़म की कफ़ील[4] हैं प्यारी

अभी तलक मेरी तन्हाइयों में बस्ती हैं
तवील[5] रातें अभी तक तवील हैं प्यारी

उदास आँखें अभी तक इन्तेज़ार करती हैं
बहार-ए-हुस्न पे पाबन्दी-ए-जफ़ा[6] कब तक

ये आज़माईश-ए-सब्र-ए-गुरेज़-ए-पा कब तक
क़सम तुम्हारी बहुत ग़म उठा चुका हूँ मैं

ग़लत था दावा-सब्र-ओ-शकीब[7] आ जाओ
क़रार-ए-ख़ातिर-ए-बेताब थक गया हूँ मैं

---

1. रात-दिन 2. जीवन की मेहनत 3. बहार की तलाश 4. पालनहार 5. लम्बी 6. बेवफ़ाई 7. सांत्वना बर्दाश्त।

(54)

मुझ से पहली सी मुहब्बत मेरी महबूब न मांग!
मैं ने समझा था कि तू है दुरख़शां[1] है हयात

तेरा ग़म है तो ग़मे-दह्र[2] का झगड़ा क्यों है
तेरी सूरत से है आलम में बहारों को सबात[3]

तेरी आंखों के सिवा दुनिया में रखा क्या है
तू जो मिल जाए तो तक़दीर नगूं[4] हो जाए

यूं न था मैं ने फ़क़त चाहा था यूं हो जाए
और भी दुख हैं ज़माने में मुहब्बत के सिवा

राहतें और भी हैं वस्ल की राहत[5] के सिवा
अन गिनत सदियों के तारीक बहीमाना तिलिस्म[6]

रेशम-ओ-अतलस-व-कमख़्वाब में बनवाए हुए
जा बजा कूचा-ओ-बाज़ार में बिकते हुए जिस्म

ख़ाक में लिथड़े हुए ख़ून में नहलाए हुए
लौट जाती है इधर को भी नज़र क्या कीजिए

अब भी दिलकश है तेरा हुस्न मगर क्या कीजिए
और भी दुख हैं ज़माने में मुहब्बत के सिवा

राहतें और भी हैं वस्ल की राहत के सिवा
मुझ से पहली सी मुहब्बत मेरी महबूब न मांग!

---

1. प्रकाशमान 2. सांसारिक चिंताएं 3. स्थायित्व 4. सिर झुकाना 5. मिलन का आनंद 6. अंधकारपूर्ण पाश्विक जादू

(55)

चश्म-ए-नौ[1], जान-ए-शोरीदा[2] काफ़ी नहीं
तोहमत-ए-इश्क़[3] पोशीदा काफ़ी नहीं

आज बाज़ार में पाबजुलां[4] चलो
दस्त-ए-अफ़शां[5] चलो, मस्त-ओ-रक़्सां[6] चलो

ख़ाक बर-सर चलो, ख़ू-बदामां[7] चलो
राह तकता है सब शहर-ए-जानां चलो

हाकिम-ए-शहर भी मजमा-ए-आम भी
तेरा इल्जाम भी संग-ए-दुश्नाम[8] भी

सुबह-ए-नाशाद[9] भी, रोज़-ए-नाकाम[10] भी
इन का दमसाज़ अपने सिवा कौन है

शहर-ए-जानां में अब बा-सफ़ा कौन है
दस्त-ए-क़ातिल[11] के शायां रहा कौन है

रख़्त-ए-दिल[12] बांधलो, दिल-फ़ुगारो चलो
फिर हमीं कत्ल हो आएं, यारो चलो

---

1. नई आंख 2. परेशान जान 3. इश्क़ का आरोप 4. नंगे पांव 5. हाथ झाड़ते हुए 6. नाचते व मस्त 7. बुरी औरतें 8. गाली का पत्थर 9. अप्रसन्न सुबह 10. नाकाम दिन 11. क़ातिल का हाथ 12. दिल का सामान

(56)

तेरी उम्मीद, तेरा इन्तज़ार जब से है
न शब[1] को दिन से शिकायत न दिन को शब से है

किसी का दर्द हो करते हैं तेरे नाम रकम[2]
गिला है जो भी किसी से तेरे सबब से है

हुआ है जब से दिल-ए-नासबूर बे काबू
कलाम तुझ से नज़र को बड़े अदब से है

अगर शरर[3] है तो भड़के, जो फल है तो खिले
तरह तरह की तलब तेरे रंग-ए-लब[4] से है

कहां गए शब-ए-फुर्क़त[5] के जागने वाले
मशारा-ए-सहरी[6] हम कलाम कब से है

1. रात 2. लिखते हैं 3. पतंगा 4. होंठ के रंग 5. जुदाई की रात 6. सुबह का रास्ता

(57)

बोल के लब आज़ाद हैं तेरे
बोल ज़बां अब तक तेरी है
तेरा सुतवां जिस्म है तेरा
बोल के जां अब तक तेरी है

देख के आहने-गर[1] की दुकां में
तुन्द हैं शौले सुर्ख है आहन[2]
खुलने लगे कुफ़लों[3] के दहाने
फैला हर इक ज़न्जीर का दामन

बोल, यह थोड़ा वक़्त है तेरा
जिस्म-ओ-ज़बां की मौत से पहले
बोल, के सच जिन्दा है अब तक
बोल जो कुछ कहना है कह ले

---

1. लोहार 2. लोहा 3. तालों

(58)

हैरां है जबीं आज किधर सिजदा[1] रवा है
सर पर हैं ख़ुदा-वन्द, सरे अर्श ख़ुदा है

कब तक इसे सींचोगे तमन्नाए-समर[2] में
यह सब्र का पौदा तो न फूला है न फला है

मिलता है खिराज[3] उस को तेरी नान-ए-जबी[4] से
हर बादशाह-ए-वक़्त तेरे दर का गदा[5] है

हर एक अक़ूबत से है तलख़ी[6] में सवातर[7]
वोह रंज जो ना-कर्दा गुनाहों की सज़ा है

एहसान लिये कितने मसीहा नफ़सों[8] के
क्या कीजिये दिल का, न जला है न बुझा है

---

1. सिर झुकाना 2. इच्छाफल 3. पुण्य, ईनाम 4. माथे से 5. भिखारी 6. दुख, यात्ना 7. कटुता 8. जान, आत्मा

(59)

फिर कोई आया दिले राज़! नहीं कोई नहीं
राहरु[1] होगा कहीं और चला जाएगा
ढल चुकी रात बिखरने लगा तारों का गुबार

लड़खड़ाने लगे ऐवानों में ख़्वाबीदा[2] चिराग़
सो गई रास्ता तक-तक के हर इक राहग़ुजार[3]
अजनबी ख़ाक ने धुन्धला दिये क़दमों के सुराग़

गुल करो शमीस[4], बढ़ा दो मै-ओ-मीना-ओ-अयाग़[5]
अपने बे-ख़्वाब किवाड़ों को मुक़फ़्फ़ल[6] करलो
अब यहां कोई नहीं, कोई नहीं आएगा

1. राही 2, सोये हुए 3, मार्ग 4, बुझा दो शमा 5, सुराही, प्याले और शराब 6, ताले लगाना

(60)

पतवार के ख़ूगर[1] को
नाकाम भी देखोगे?
आगाज़ से वाक़िफ़ हो
अन्जाम भी देखोगे?

रंगीनी-ए-दुनिया से
मायूस सा होजाना
दुखता हुआ दिल लेकर
तन्हाई में खो जाना

तरसी हुई नज़रों को
हसरत से झुका लेना
फ़रयाद के टुकड़ों को
आहों में छुपा लेना

---

1. आदी

(61)

रातों की ख़मोशी में
छुप कर कभी रो लेना
मजबूर जवानी के
मल्बूस[1] को धोलेना

जज़्बात की वुसअत[2] को
सजदों से बसा लेना
भूली हुई यादों को
सीने से लगा लेना

1. लिबास 2. विस्तार

(62)

वक़्फ़ हरमान-व-यास[1] रहता है
दिल है अक्सर उदास रहता है
तुम तो ग़म दे के भूल जाते हो
मुझ को एहसां का पास रहता है

रात यूं दिल में तेरी खोई हुई याद आई
जैसे वीराने में चुपके से बहार आई
जैसे सहराओं[2] में होले से चले बादे-नसीम[3]
जैसे बीमार को बेवजह क़रार आजाए

1. निराशाओं को समर्पित 2. मरूस्थलों में 3. मृदु समीर

(63)

जां बेचने को जो आए तो बेदाम बेच दी
ऐ अहले मिस्र वज़ा तकल्लुफ़[1] तो देखिए
इन्साफ़ है के हुक्म से अक़ूबत से पेश्तर
इक बार सूए दामन-ए-यूसुफ़ तो देखिए

फिर हश्र के सामां होते ऐवान-ए-हवस[2] में
बैठे हैं ज़वी-उल-साल[3] गुनहगार खड़े हैं
हां जुर्म-ए-वफ़ा देखिए किस किस पे है साबित
वह सारे ख़ता-कार सरदार खड़े हैं

1. औपचारिकता 2. दिवानगी का महल 3. धार्मिक-लोग

(64)

कब ठेहरेगा ऐ-दिल, कब रात बसर होगी
सुनते थे वो आएंगे, सुनते थे सहर होगी

कब जान लहू होगी कब अश्क गुहर[1] होगा
किस दिन तेरी सुन्वाई ऐ दीदा-ए-तर होगी

कब महकेगी फ़सल-ए-गुल, कब बहकेगा मैख़ाना
कब सुबह-सुख़न[2] होगी, कब शाम नज़र होगी

वाइज[3] है न ज़ाहिद[4] है, नासेह[5] है ना क़ातिल है
अब शहर में यारों की किस तरह बसर होगी

कब तक अभी राह देखें ऐ क़ामत-ए-जानाना
कब हश्र मुअय्यन[6] है तुझ को तो ख़बर होगी

---

1. मोती 2. कलाम, बात 3. उपदेशक 4. पवित्र 5. नसीहत करने वाला 6. निर्धारित

(65)

दिल रहन-ए-ग़म जहां है आज
हर नफ़स तिश्ना-ए-फ़ुग़ां[1] है आज

सख़्त वीरां है महफ़िल-ए-हस्ती
ऐ ग़म-ए-दोस्त! तू कहां है आज

फ़िज़ा-ए-दिल पे उदासी बिखरती जाती है
फ़ुसरुदगी है के जां तक उतरती जाती है

फ़रेब-ए-ज़ीस्त[2] से कुदरत का मुदआ मालूम
ये होश है के जवानी गुज़रती जाती है

1. फरियाद 2. ज़िन्दगी

(66)

आज की रात साज़-ए-दर्द[1] न छेड़
दुख से भरपूर दिन तमाम हुए
और कल की ख़बर किसे मालूम?

दोशो-फ़र्दा[2] की मिट चुकी हैं हदूद
हो न हो अब सहर किसे मालूम?
ज़िन्दगी, हीच! मगर आज की रात

ऐज़ीदीयत[3] है मुमकिन आज की रात
आज की रात साज़-ए-दर्द न छेड़
अब न दोहरा अफ़साना-ए-अलम[4]

अपनी क़िसमत पे सोगवार न हो
फ़िक्र-ए-फ़र्दा[5] उतार दे दिल से
उम्र-ए-रफ़ता पर अश्कबार न हो

अहद-ए-ग़म की हिकायतें मत पूछ
हो चुकीं सब शिकायतें मत पूछ
आज की रात साज़-ए-दर्द न छेड़

---

1. दर्द का राग 2. अतीत और भविष्य 3. ईश्वरीय 4. दु:ख की कहानियां 5. कल की चिंता

(67)

बे दम हुए बीमार दवा क्यों नहीं देते
तुम अच्छे मसीहा हो, दवा क्यों नहीं देते

दर्द-ए-शब-ए-सहरा की दवा क्यों नहीं देते
खून-ए-दिल-ए-वहशी का सिला क्यों नहीं देते

मिट जाएगी मख़लूक़ तो इन्साफ़ करोगे
मुन्सिफ़ हो तो अब हश्र उठा क्यों नहीं देते

हां नुक्ता-ए-वरू लाओ लब-ओ-दिल की गवाही
हां नग़मा गरो साज़ सदा क्यों नहीं देते

पैमाने जुनूं हाथों को शरमाएगा कब तक
दिल वालो, गरीबां का पता क्यों नहीं देते

बरबादी-ए-दिल जब्र नहीं "फ़ैज़" किसी का
वो दुश्मन-ए-जां है तो भुला क्यों नहीं देते

(68)

तुम आए हो ना शब-ए-इन्तज़ार गुज़री है
तलाश में है सहर बार-बार गुज़री है

हुई है हज़रत-ए-नासेह[1] से गुफ़्तगु जिस शब
वो शब ज़रूर सर-ए-कुए यार गुज़री है

वो बात सारे फ़साने में जिस का ज़िक्र न था
वो बात उनको बहुत नागवार गुज़री है

न गुल खिले हैं, न उनसे मिले, न मै पी है
अजीब रंग में अब के बहार गुज़री है

चमन में ग़ारत-ए-गुलचन से जाने क्या गुज़री
क़फ़स[2] से आज सबा[3] बे-क़रार गुज़री है

---

1. नसीहत करने वाला 2. क़ैद 3. ठंडी हवा

(69)

कब तक दिल की ख़ैर मनाऐं, कब तक राह दिखलाओगे
कब तक चैन की मोहलत दोगे, कब तक याद न आओगे

बीता दीद[1] उम्मीद का मौसम, ख़ाक उड़ती है आंखों में
कब भेजोगे दर्द का बादल, कब बरखा बरसाओगे

अह्द-ए-वफ़ा या तर्क-ए-मुहब्बत जो चाहो सो आप करो
अपने बस की बात ही क्या है, हम से क्या मनवाओगे

किस ने वरल[2] की सूरज देखा, किस पर हिजरत[3] की रात ढली
गेसुओं वाले कौन थे क्या थे इन को क्या जतलाओगे

"फ़ैज़" दिलों के भाग में है, घर भरना भी लुट जाना भी
तुम उस हुस्न के लुत्फ़-ओ-करम पर, कितने दिन इतराओगे

---

1. दर्शन 2. मिलान 3. जुदाई

(70)

फिर आईना-ए-आलम[1] शायद के निखर जाए
फिर अपनी नज़र शायद ताहद्द-ए-नज़र जाए

सहरा पे लगे पहरे और क़ुफ़्ल[2] पड़े बन पर
अब शहर-बदर होकर दीवाना किधर जाए

ख़ाक-ए-रह[3] जानां पे कुछ ख़ूं था गुरू[4] अपना
इस फ़स्ल में मुम्किन है यह क़र्ज़ उतर जाए

देख आएं चलो हम भी जिस बज़्म में सुनते हैं
जो ख़न्दा-बल्ब[5] आए वो ख़ाक बसर जाए

या ख़ौफ़ से दर गुज़रें या जां से गुज़र जाएं
मरना है के जीना है इक बात ठहर जाए

1. संसार का दर्पण 2. ताले 3. रास्ते की मिट्टी 4. गर्व

(71)

आईए हाथ उठायें हम भी
हम जिन्हें रस्म-ए-दुआ याद नहीं
हम जिन्हें सोज़-ए-मुहब्बत[1] के सिवा
कोई बुत, कोई ख़ुदा याद नहीं

आईए अर्ज़ गुज़ारे के निगार-ए-हस्ती[2]
जहर-अफ़रोज़[3] में शीरीनी-ए-फ़र्दा[4] भरदे
वो जिन्हें ताब-ए-गिरां[5] बारी-ए-अय्याम[6] नहीं
उन की पलकों पे शब-ओ-रोज़ को हल्का करदे

जिन की आंखों को रुख़-ए-सुबह का यारा भी नहीं
उन की रातों में कोई शमा मुनव्वर करदे
जिन की क़दमों को किसी रह का सहारा भी नहीं
उन की नज़रों पे कोई राह उजागर करदे

---

1. मुहब्बत की पीड़ा 2. अस्तित्व 3. जहर उगलने वाला 4 आने वाले कल की मिठास 5. बहुमूल्य चमक 6. आने वाले दिन की प्रतीक्षा

(72)

अजज़ एहल-ए-सितम[1] की बात करो
इश्क़ के दम क़दम की बात करो

बज़म-ए-एहल-ए-तरब[2] को शर्माओ
बज़्म-ए-असहाब-ए-ग़म[3] की बात करो

बज़्म-ए-सखत[4] के खुश-नशीनों[5] से
अजमत-ए-चश्म-ए-ग़म[6] की बात करो

है वही बात यूं भी और यूं भी
तुम सितम या करम की बात करो

हिज्र[7] की शब तो कट ही जाएगी
रोज़-ए-वस्ल-ए-सनम[8] की बात करो

जान जाएंगे जानने वाले
'फ़ैज़'' फ़रहाद-ओ-जम[9] की बात करो

---

1. अत्याचार करने वालों का प्रभुत्व 2. खुशियों की महफ़िल 3. दुखियों की महफ़िल 4. अमीरों की महफ़िल 5. सौभाग्यशाली 6. नम आंख वालों की बड़ाई 7. जुदाई 8. प्रिय से मिलन का दिन 9. फ़रहाद व शराब

(73)

आए कुछ अब्र[1], कुछ शराब आए
उस के बाद आए जो अज़ाब आए

बाम-ए-मीना से माहताब उतरे
दस्त-ए-साक़ी में आफताब आए

हर रग-ए-ख़ूं[2] में फिर चिराग़ां हो
सामने फिर वो बे-नक़ाब आए

कर रहा था ग़मे-जहां का हिसाब
आज तुम याद बे-हिसाब आए

इस तरह अपनी ख़ामुशी गूंजी
गोया हर सिम्त से जवाब आए

"फ़ैज़" थी राह सर बसर मंज़िल
हम जहां पहुंचे कामयाब आए

---

1. बादल, 2. नसों के खून में

(74)

तेरे ग़म को जां की तलाश थी, तेरे जां-निसार चले गए
तेरे रह में करते थे सर तलब, सरे रहगुज़ार चले गए

तरी कज-अदाई[1] से हार के शब-ए-इन्तज़ार चले गए
मेरे ज़ब्त-हाल से रूठ कर मेरे ग़मगुसार चले गए

न सवाले वस्ल[2], न अर्ज़-ए-ग़म[3], न हिकायतें, न शिकायतें
तेरे अह्द में दिल-ए-ज़ार के सभी इख़्तियार चले गए

यह हमीं थे जिन के लिबास पर सरे राह सियाही लिखी गई
यही दाग़ थे जो सजा के हम सरे बज़्म-ए-यार चले गए

न रहा जुनन-ए-रुख़ वफ़ा, यह रसन यह दार करोगे क्या
जिन्हें जुर्म-ए-इश्क़ पे नाज़ था वो गुनहगार चले गए

---

1. टेढ़ा अंदाज़ 2. मिलन का सवाल 3. दुख का प्रदर्शन

(75)

शरह बेदरदी-ए-हालात[1] न होने पाई
अब के भी दिल की मदारात[2] न होने पाई

फिर वही वादा जो इक़रार न बनने पाया
फिर वही, बात जो असबात[3] न होने पाई

फिर वो परवाने जिन्हें अज़न-ए-तन्हारत न मिला
है फिर वो शमें के जिन्हें रात न होने पाई

फिर वही जां बल्बी[5] लज़्ज़त-ए-मै से पहले
फिर वो महफ़िल जो ख़राबात[6] न होने पाई

फिर दम-दीद-रहे[7] चश्म-ओ-नज़र दीद तलब
फिर शब-ए-वस्ल[8] मुलाक़ात न होने पाई

"फ़ैज़" सर पर जो हर इक रोज़ कयामत गुज़री
एक भी रोज़ मुकाफ़ात[9] न होने पाई

---

1. वातावरण की निदर्यता 2. आवभगत 3. पूरा 5. मरने के क़रीब 6. शराबख़ाना 7. राह में आंखें बिछाये 8. मिलन की रात 9. बदला, प्रतिशोध

(76)

फिर लौटा है खुर्शीद जहान्ताब सफ़र से
फिर नूर-ए-सहर दस्त-ओ-गिरेबां[1] है सहर से

फिर आग भड़कने लगी हर साज़-ए-तरब से
फिर शोले लपकने लगे हर दीदा-ए-तर से

फिर निकला है दिवाना कोई फूंक के घर को
कुछ कहती है हर राह हर इक रहगुज़र[2] से

वो रंग है इम्साल[3] गुलिस्तां की फ़िज़ा का
ओझल हुई दीवार-ए-क़फ़स हद्दे नज़र से

सागर तो खनकते हैं शराब आए न आए
बादल तो गरजते हैं घटा बरसे न बरसे

पापूश[4] की क्या फ़िक्र है, दस्तार संभालो
पायाब है जो मौज, गुज़र जाएगी सर से

---

1. हाथा-पाई 2. राहगीर 3. इस वर्ष 4. जूता

(77)

तुझे पुकारा है बे-इरादा
जो दिल दुखा है बहुत ज़्यादा

नदीम[1] हो तेरा हर्फ़े-शीरीं[2]
तो रंग पर आए रंगे-बादा[3]

अता[4] करो इक अदाए देरी
तो अश्क से तर करें लिबादा

न जाने किस दिन से मुन्तज़िर है
दिल सर-ए-रहगुज़र[5] फ़तादा

के इक दिन फिर नज़र में आए
वो बाम[6] रोशन, वो दरकुशादा[7]

वोह आए पुरसिश को फिर सजाए
क़बाए-रंगीं[8], अदाए सादा

---

1. मित्र 2. मीठे बोल 3. शराब कार रंग 4. प्रदान 5. रास्ते में 6. खिड़की 7. खुला दरवाज़ा 8. रंगीन आवरण

(78)

नसीब आजमाने के दिन आ रहे हैं
क़रीब उनके आने के दिन आ रहे हैं

जो दिल से कहा है, जो दिल से सुना है
सब उनको सुनाने के दिन आ रहे हैं

अभी से दिल-ओ-जां सर-ए-राह[1] रख दो
के लुटने लुटाने के दिन आ रहे हैं

टपकने लगी उन निगाहों से मस्ती
निगाहें चुराने के दिन आ रहे हैं

सबा[2] फिर हमें पूछती फिर रही है
चमन को सजाने के दिन आ रहे हैं

चलो "फ़ैज़" फिर से कहीं दिल लगाएं
सुना है ठिकाने के दिन आ रहे हैं

---

1. रास्ते में 2. हवा

(79)

किस शहर न शोहरा हुआ नादानी-ए-दिल[1] का
किस पर न खुला राज़ परेशानी-ए-दिल का

आओ करें महफ़िल पे जरे-जख्म-नुमायां[2]
चर्चा है बहुत बे-सर-ओ-सामानी-ए-दिल[3] का

देख आएं चलो कुए-निगारां का ख़राबा[5]
शायद कोई महरम मिले वीरानी-ए-दिल का

पूछो तो शेर फ़ेगन कौन है यारो
सौंपा था जिसे काम निगहबानी-ए-दिल[6] का

देखो तो किधर आज रुख़-ए-बाद-ए-सबा[7] है
किस रह से पयाम आया है ज़िन्दानी-ए-दिल का

उतरे थे कभी "फ़ैज़" वो आईना-दिल[8] में
आलम है वही आज भी हैरानी-ए-दिल का

---

1. दिल की नादानी 2. घाव का प्रदर्शन 3. दिल की बेबसी 4. महबूबों की गली 5. खण्डहर 6. दिल की रखवाली 7. पूर्वा हवा की दिशा 8. दिल के आईने में

(80)

सहल यूं राह ज़िन्दगी की है
हर क़दम हम ने आशक़ी की है

हम ने दिल में सजा लिए गुलशन
जब बहारों ने बेरुख़ी की है

ज़हर से धोलिये हैं अपने होंट
लुत्फ़-ए-साक़ी[1] ने जब कमी की है

तेरे कूचे में बादशाही की
जब से निकले गदा-गरी की है

बस वही सुरख़रू[2] हुआ जिस ने
बहर-ए-ख़ूं[3] में शनावरी की है

जो गुज़रते हैं "फ़ैज़" पर सदमे
अब वही कैफ़ियत[4] सभी की है

1. पिलाने वाले का लुत्फ़ 2. सफल 3. खून के समुद्र में 4. स्थिति

(81)

नहीं निगाह में मंजिल तो जुस्तुजु[1] ही सही
नहीं विसाल मयस्सर[2], तो आरजू ही सही

न तन में ख़ून फ़राहम न अश्क आंखों में
नमाज़-ए-इश्क़ तो वाजिब है, बे-वजु ही सही

किसी तरह तो जमे बज़्मए मैकदे वालो
नहीं जो बादा-ओ-साग़र[3] तो हा-ओ-हू ही सही

गर इन्तज़ार कठिन है तो जब तलक ऐ-दिल
किसी के वादा-ए-फ़र्दा[4] की गुफ़्तगु ही सही

दयार-ए-ग़ैर में महरम[5] अगर नहीं कोई
तो "फ़ैज़" ज़िक्र-ए-वतन अपने रू-बरू ही सही

---

1. तलाश 2. उपलब्ध 3. शराब व शराब का प्याला 4. आने वाले कल का वादा 5. परिचित

(82)

गो सब को बहम साग़र-ए-बादा[1] तो नहीं था
यह शहर उदास इतना ज़्यादा तो नहीं था

गलियों में फिरा करते थे दो-चार दीवाने
हर शख्स का सर-ए-चाक लिबादा[2] तो नहीं था

मंज़िल को न पहचाने राह-ए-इश्क़ का राही
नादां ही सही, ऐसा भी सादा तो नहीं था

थक कर यूंही पल भर के लिए आंख लगी थी
सोकर ही न उठे यह इरादा तो नहीं था

वाइज़[3] से रह-ओ-रस्म रही, रिन्द[4] से मुहब्बत
फ़र्क़ इन में कोई इतना ज़्यादा तो नहीं था

1. शराब का प्याला 2. फटा कपड़ा 3. उपदेश देने वाला 4. शराबी

(83)

तेरी सूरत जो दिलनशीं[1] की है
आश्ना शक्ल हर जबीं[2] की है

हुस्न से दिल लगा के हस्ती की
हर घड़ी हम ने आतशीं की है

सुबहे-गुल हो के शाम-ए-मैख़ाना
मदह[3] उस रुए-नाज़नी की है

शेख से बे-हिरास[4] मिलते हैं
हम ने तो यह अभी नहीं की है

अश्क तो कुछ भी रंग ला न सके
ख़ूं से तर आज आरती की है

"फ़ैज़" औज़-कमाल[5] से हम ने
आस्मां सिन्ध की ज़मी की है

---

1. दिल में बैठने वाला 2. माथा 3. प्रशंसा 4. बिना लालच के 5. ऊंचाई से

(84)

दोनों जहां....

दोनों जहान तेरी मुहब्बत में हार के
वो जारहा है कोई शव-ए-ग़म[1] गुज़ार के

वीरां है मैकदा, खम-ओ-साग़र[2] उदास हैं
तुम क्या गए के रूठ गए दिन बहार के

इक फुर्सत-ए-गुनाह मिली, वो भी चार दिन
देखे हैं हम ने हौसले परवरदिगार[3] के

दुनिया ने तेरी याद से बेगाना कर दिया
तुझ से भी दिलफ़रेब हैं ग़म रोजगार के

भूले से मुस्कुरा तो दिए थे वो आज "फैज़'
मत पूछ वलवले दिल-ए-नाकरदा-कार[4] के

---

1. दुःख भरी रात 2. शराब का प्याला और मटकी 3, भगवान 4. अनुभवहीन दिल के

(85)

यह मौसम-ए-गुल गरचे तरब-ख़ेज़[1] बहुत है
एहवाले गुल-ओ-लाला[2] ग़म अंगेज़ बहुत है

खुश दावत-ए-यारां भी है, यलगार-ए-अदु[3] भी
क्या कीजिए दिल का जो कम आमेज़ बहुत है

यूं पीर-ए-मुग़ां[4] शेख़ हरम से हुए यक-हाल
मैख़ाने में कम-ज़रफ़ी-ए-परहेज़[5] बहुत है

इक गरदन-ए-मख़लूक[6] जो हर हाल में ख़म है
इक बाज़ु-ए-क़ातिल[7] है जो ख़ूं-रेज़ बहुत है

क्यूं मशअल-ए-दिल "फैज़" छुपाओ तह-ए-दामां[8]
बुझ जाएगी यूं भी के हवा तेज़ बहुत है

---

1. प्रसन्न करने वाला 2. फलों का हाल 3. दुश्मनी 4. मर्ति-पूजक 5. निषेधन बचाव 6. व्यक्ति की गर्दन 7. हत्यारे का बाज़ू 8. फंदा

(86)

हमीं से अपनी नवा हम-कलाम होती रही
यह तेग़ अपने लहू में क़याम होती रही

मक़ाबिल-ए-सफ़-ए-आदा जिसे किया आग़ाज़[1]
वो जंग अपने ही दिल में तमाम होती रही

कोई मसीहा न ऐफाए अह्द को पहुंचा
बहुत तलाश पस-ए-कतल-ए-आम[2] होती रही

यह बरहमन का करम, वो अताए शेख़ हरम
कभी हयात, कभी मै हराम होती रही

जो कुछ भी बन न पड़ा, "फ़ैज़" लुट के यारों से
तो रहज़नों से दुआ-ओ-सलाम होती रही

---

1. आरम्भ 2. विध्वंस के पीछे

(87)

किये आरज़ू से पैमां[1] जो मा'ल तक न पहुंचे
शब-ओ-रोज़-ए-आश्नाई[2] मै-ओ-साल[3] तक न पहुंचे

वो नज़र बहम न पहुंची के मुहीत-ए-हुस्न[4] करते
तेरी दीद के वसीले ख़द-ओ-ख़ाल[5] तक न पहुंचे

वही चश्म-ए-बक़ा था जिसे सब सराब समझे
वही ख़्वाब मोतबर थे जो ख़याल तक न पहुंचे

तेरा लुत्फ़-ए-वजह तस्कीं[6], न क़रार शरह-ए-ग़ाम[7] से
के हैं दिल में वो गिले भी जो मलाल तक न पहुंचे

चलो "फ़ैज़" दिल जलाऐं करें फिर से अर्ज़-ए-जानां
वो सुख़न जो आए लब तक, यह सवाल तक न पहुंचे

---

1. वचन 2. रात दिन की जान पहचान 3. माह व साल 4. सौन्दर्य का घेरा 5. चेहरा मोहरा 6. सन्तुष्टि का कारण 7. दुख की अभिव्यक्ति

(88)

आप की याद आती रही रात भर
चांदनी दिल दुखाती रही रात भर

गाह[1] जलती हुई, गाह बुझती हुई
शम-ए-ग़म झिलमिलाती रही रात भर

कोई खुश्बु बदलती रही पैरहन[2]
कोई तस्वीर गाती रही रात भर

फिर सबा[3] साया-ए-शाख़-ए-गुल[4] के तले
कोई क़िस्सा सुनाती रही रात भर

जो न आया उसे कोई ज़न्जीर-ए-दर[5]
हर सदा पर बुलाती रही रात भर

एक उम्मीद से दिल बहलता रहा
इक तमन्ना सताती रही रात भर

---

1. कभी, किसी समय 2. कुर्ता, वस्त्र 3. ठंडी हवा 4. गुलाब की टहनी की छाया 5. दरवाज़े का साँकल

(89)

राज़-ए-उल्फ़त छुपा के देख लिया
दिल बहुत कुछ जला के देख लिया

और क्या देखने को बाक़ी है
आप से दिल लगा के देख लिया

वो मेरे होके भी मेरे न हुए
उन को अपना बना के देख लिया

आज उन की नज़र में कुछ हम ने
सब की नज़रें बचा के देख लिया

"फ़ैज़" तकमील-ए-ग़म[1] भी हो न सकी
इश्क़ को आज़मा के देख लिया

---

1. दुःख की पुर्ति

(90)

शेख़ साहब से रस्म-ओ-राह न की
शुक्र है ज़िन्दगी तबाह न की

तुझ को देखा तो सरे-चश्म[1] हुए
तुझ को चाहा तो और चाह न की

तेरे दस्ते-सितम[2] का अजज़[3] नहीं
दिल ही काफ़िर था जिस ने आह न की

थे शब-ए-हिज्र[4], काम और बहुत
हम ने फ़िक्र दिल-ए-तबाह न की

कौन क़ातिल बचा है शहर में "फ़ैज़'
जिस से यारों ने रस्म-ओ-राह न की

---

1. आंखों की सारी भूख मिट गई 2. अत्याचारी हाथ 3. नम्रता 4. वियोग की रात

(91)

वफ़ा-ए-वादा नहीं, वादा-ए-दिगर[1] भी नहीं
वोह मुझ से रूठे थे मगर इस कदर भी नहीं

बरस रही है हरीम-ए-हवस[2] में दौलत-ए-हुस्न
गदा-ए-इश्क़[3] के खाते में इक नज़र भी नहीं

न जाने किस लिए उम्मीदवार बैठा हूं
इक ऐसी राह पे जो तेरी रहगुज़र भी नहीं

निगाह-ए-शौक़ सर-ए-बज़्म बे-हिजाब न हो
वो बे-ख़बर ही सही, इतने बे-ख़बर भी नहीं

यह अह्द तरक-ए-मुहब्बत[4] है किस लिए आख़िर
सकून-ए-क़ल्ब[5] इधर भी नहीं, उधर भी नहीं

---

1. दूसरा वादा 2. लालच की चार दिवारी 3. प्रेम का भिखारी 4. प्रेम त्यागने का वादा 5. दिल का चैन

(92)

फिर हरीफ बहार हो बैठे
जाने किस किस को आज रो बैठे

थी मगर इतनी रायेगां[2] भी न थी
आज कुछ ज़िन्दगी से खो बैठे

तेरे दर पर पहुंच कर लौट आए
इश्क़ की आबरु[3] डुबो बैठे

सारी दुनिया से दूर हो जाये
जो ज़रा तेरे पास हो बैठे

न गई तेरी बे-रुख़ी न गई
हम तेरी आरज़ू भी खो बैठे

"फ़ैज़" होता रहे जो होता है
शेर लिखते रहा करो बैठे

---

1. दुश्मन 2. निरर्थक 3. प्रतिष्ठा

(93)

इश्क़-ए-मन्नत[1] कश-ए-क़रार[2] नहीं
हुस्न मजूबर-ए-इन्तज़ार नहीं

तेरी रंजिश की इन्तेहा मालूम
हसरतों का मेरी शुमार[3] नहीं

अपनी नज़र बिखेर दे साक़ी
मै बान्दाज़ा-ए-खुमार[4] नहीं

अपनी तकमील कर रहा हूं मैं
वरना तुझ से मुझ को प्यार नहीं

चारा-ए-इन्तज़ार[5] कौन करे
तेरी नफ़रत भी इस्तवार नहीं

"फ़ैज़" जिन्दा रहें वो, हैं तो सही
क्या हुआ गर वफ़ा-शुआर नहीं

---

1. इश्क़ की इच्छा 2. वादे का बर्दाश्त करने वाला 3. गिनती 4. नशे के अन्दाज़ में 5. इन्तज़ार का उपाय

(94)

हर हक़ीक़त मजाज़[1] हो जाए
काफ़िरों की नमाज़ हो जाए

दिल रहीन-ए-नियाज़[2] हो जाए
बेकसी कारसाज़ हो जाए

मन्नत-ए-चारासाज़[3] कौन करे
दर्द जब जां-नवाज़ हो जाए

इश्क़ दिल में रहे तो रुस्वा[4] हो
लब पे आए तो राज़ हो जाए

लुत्फ़ का इन्तज़ार करता हूं
ज़ोर ताहद्दे-नाज़[5] हो जाए

उम्र बे सूद कट रही है "फ़ैज़"
काश अफ़शा-ए-राज़[6] हो जाए

---

1. कल्पना। 2. प्रेम के अधीन 3. इलाज करने वाला 4. बदनाम 5. नाज़ की सीमा तक 6. रहस्य खुलजाना

(95)

हिम्मत-ए-इलतेजा[1] नहीं बाक़ी
ज़ब्त का हौसला नहीं : बाक़ी

इक तेरी दीद छिन गई मुझ से
वरना दुनिया में क्या नहीं बाक़ी

अपनी मश्क़-ए-सितम[2] से हाथ न खींच
मैं नहीं या फ़िज़ा नहीं बाक़ी

तेरी चश्म-ए-अलमनवाज़[3] की ख़ैर
दिल में कोई गिला नहीं बाक़ी

हो चुका ख़त्म अह्द-ए-हिज्र-ओ-विसाल
ज़िन्दगी में मज़ा नहीं बाक़ी

1. निवेदन की हिम्मत 2. अत्याचार के अभ्यास 3. दुख देने वाली आंखों

(96)

चश्म-ए-मैगूं[1] ज़रा इधर करदे
दस्त-ए-कुदरत को बे-असर करदे

तेज़ है आज दर्द-ए-दिल साक़ी
तलख़ी-ए-मै को तेज़-तर करदे

जोश-ए-वहशत[2] है तिश्ना[3] काम अभी
चाक-ए-दामन[4] को ताजगर करदे

मेरी क़िस्मत से खेलने वाले
मुझ को क़िस्मत से बे-ख़बर करदे

लुट रही है मेरी मता-ए-गुरेज़
काश वो इस तरफ़ नज़र करदे

"फ़ैज़" तकमील-ए-आरजू[5] मालूम
हो सके तो यूंही करदे

---

1. नशीली आंखें 2. डर का जोश 3. अधूरा 4. फेर दामन 5. इच्छापूर्ति

(97)

हर सिम्त परेशां तेरी आमद के करीने[1]
धोके दिए क्या क्या हमें बाद-ए-सहरी[2] ने

हर मंज़िल-ए-ग़ुर्बत पे गुमां होता है घर का
बहलाया है हर गाम बहुत दर-बदरी[3] ने

थे बज़्म में सब दर्द-ए-सर-ए-बज़्म[4] में शादां
बेकार जलाया हमें रोशन-नज़री ने

मैख़ाने में आजिज़ हुए आज़ुर्दा दिली से
मस्जिद का न रखा हमें आशिफ़ता-सरी ने

यह जामा-ए-सदचाक[5] बदल लेने में क्या था
मोहलत ही न दी "फ़ैज़" कभी बख़िया गरी ने

1. ढंग 2. सुबह की ठंडी हवा 3. भटकाव 4. महफिल की राह 5. फटे हुए कपड़े

(98)

हम ने सब शेर में संवारे थे
हम से जितने सुख़न[1] तुम्हारे थे

रंग-ओ-खुश्बु के, हुस्न-ओ-ख़ूबी[2] के
तुम से थे जितने इस्तारे[3] थे

तेरे क़ौल-ओ-क़रार से पहले
अपने कुछ और भी सहारे थे

जब वो लाल-ओ-गुहर[4] हिसाब किये
जो तेरे ग़म ने दिल पर वारे थे

मेरे दामन में आ गिरे सारे
जितने शब-ए-फ़लक[5] में तारे थे

उम्र जावेद[6] की दुआ करते
'फ़ैज़'' इतने वो कब हमारे थे

1. कलाम, बात 2. सौन्दर्य व गुण 3. मांगना 4. हीरे मोती 5. रात के आकाश में 6. नित्यता

(99)

यह किस ख़लिश ने फिर इस दिल में आशियाना किया
फिर आज किस ने सुख़न हम से ग़ायबाना किया

ग़मे जहां हो, रुख़-ए-यार हो के दस्त-ए-अदु[1]
सुलूक जिस से किया हम ने आशिक़ाना किया

थे ख़ाक-ए-राह[2] भी हम लोग कहर-ए-तफ़ां भी
सहा तो क्या न सहा, किया तो क्या न किया

ख़ूशा" के आज हर इक मुद्‌दई[4] के लब पर है
वो राज़ जिस ने हमें रान्दा-ए-ज़माना[5] किया

वो हीलागर[6] जो वफ़ा-जू[7] भी है जफ़ा-ख़ू भी
किया तो "फ़ैज़" किस बुत से दोस्ताना किया

---

1. शत्रु का हाथ 2. रास्ते की मिट्टी 3. ख़ुश हो 4. वादी 5. ज़माने का हारा हुआ 6. बहाने बनाने वाला 7. व्याय करने वाला

(100)

दर्द थम जाएगा
ग़म न कर, ग़म न कर
यार लौट आएंगे, दिल ठहर जाएगा
ग़म न कर, ग़म न कर

जख्म भर जाएगा
ग़म न कर, ग़म न कर
दिन निकल आएगा
ग़म न कर, ग़म न कर

अब्र[1] खुल जाएगा, रात ढल जाएगी
ग़म न कर, ग़म न कर
रुत बदल जाएगी
ग़म न कर, ग़म न कर

1. बादल

(101)

गुलों में रंग भरे बाद-ए-नौ[1] बहार चले
चले भी आओ के गुलशन का कारोबार चले

क़फ़स[2] उदास है यारो सबा से कुछ तो कहो
कहीं तो बहर-ए-ख़ुदा[3] आज ज़िक्र-ए-यार चले

जो हम पे गुज़री सो गुज़री मगर शब-ए-हिजरां[4]
हमारे अश्क तेरी आक़बत[5] संवार चले

मक़ाम-ए-फ़ैज़, कोई राह में जंचा ही नहीं
जो कुए-यार[6] से निकले तो सुए-दार[7] चले

---

1. नव वसंत की हवा 2. पिंजरा 3. भगवान के लिए 4. जुदाई की रात 5. परलोक 6. यार की गली से 7. फांसी के तख़्ते की ओर

(102)

रब्बा सचय्या (पंजाबी)

रब्बा सचय्या तूते आखपासी
जा ओये बन्दया जग दाशह हैं तों
साडियां नेमतां तेरियां दोलतां हन
साडा नीब ते आलीजाह हैं तों

एस लारे ते टोर कद पुछयाही
क्या इस नमाने ते बीतियां नीं
कदी सखी ली ऊ-रब साईयां
तेरे शाह नाल जग क्या कीतां ही

कित्ते धोंस पुलिस सरकारदी ऐ
कित्ते धांधली माल पटवार दी ऐ
ऐततों हडां विच कलपे जान मेरी
जीवें फाही विच कूंज करलावंदी ऐ
चंगा शाह बनाया ई रब साईयां
पवे खाना यां वार ना आउं ऐ

मैनू शाही नहीं चालीदी रब मेरे
मैं ते इज़्ज़त दा, टकर मंगनां रिहां
मैनू तांग नई मोहलां माड़ियां दी
मैं ते हयोन दी टुकर मंगनां हां

मेरी मन्नें ते तेरियां में मन्नां
तेरे सिवा जे इक वी गल मोड़ां

जे ईह मांग नई पुजदीं ते रब्बा
फेर मैं जावां ते रब कोई होर लोड़ां

गीत (पंजाबी)

किधरे न पैदियां रस्सां
वो परदेसिया तेरियां

काग उड़ावां शगन मनावां
वगदी वादे तरले पावां
तेरी याद पवे ते रोवां
तेरा जिक्र करां ते हरसां

किधरे न पैंदियां रस्सां
वे परदेसिया तेरयां

दर्द न दसां घुलदी जावां
राज़ न खोलां, मुकदी जावां
किस नूं दिल दे दाग़ दिखावां
किस दर दे उनगे झोली ढावां
वे मैं किस दा दामन ख़रसां

किधरे न पैदियां रस्सा
वे परदेसिया तेरियां
शाम अडीकां, फजर उडीका
आखें ते सारी उम्र उडीकां
आंड गुवांडी दीवे बलदे
रब्बा साडा चानन घल डे
जग वसदा है मै वी वरसां

किधरे न पैदियां रस्सां
वे परदेसिया तेरियां

पंज़ाबी ग़ज़ल

लम्बी रात सी दर्द फ़िराक़ वाली
तेरे क़ौल ते असां वसाह करके
कौड़ा घुट कैती मुठड़े यार मेरे
मुठड़े यार मेरे, जानी यार मेरे

तेरे क़ौल ते असां विसाह करके
झांझरां वांग ज़न्जीरां छंकाईयां ने
कदी कन्नीं मुन्दरां पाईयां नी
कदी पैरीं बेड़ीयां चाईयां नी

तेरी ताहंग विच पुट दोमास देके
असां काग सदे, असां सनेह घल्ले
रात मकदी ऐ यार आवन्दा ऐ
असी तकदे रहे हज़ावरे

कोई आया न बना ख़ुनामयां दे
कोई पुज्जा न सिवा लाहामयां दे
अज लाह अलाहे मुठड़े यार मेरे
अज आओ वेहड़े विछड़े यार मेरे

फ़जर होवे ते आरिखये बिसमिल्लाह
अज दौलतां साडे घर आईयां नीं
जिहदे क़ौल ते असां वसाह कीता
ओह ते ओड़क तोड़ निभाइयां नीं

(103)

हम देखेंगे
लाज़िम है कि हम भी देखेंगे
वो दिन कि जिस का वादा है
जो लौह-ए-अज़ल[1] में लिख्खा है
जब ज़ुल्म-ओ-सितम के कोह-ए-गराँ[2]
रूई की तरह उड़ जाएँगे
हम महकूमों[3] के पाँव-तले
जब धरती धड़-धड़ धड़केगी
और अहल-ए-हकम[4] के सर-ऊपर

जब बिजली कड़-कड़ कड़केगी
जब अर्ज़-ए-ख़ुदा के काबे से
सब बुत[5] उठवाए जाएँगे
हम अहल-ए-सफ़ा[6] मरदूद-ए-हरम[7]
मसनद पे बिठाए जाएँगे
सब ताज उछाले जाएँगे
सब तख़्त गिराए जाएँगे
बस नाम रहेगा अल्लाह[8] का
जो ग़ाएब भी है हाज़िर भी
जो मंज़र[9] भी है नाज़िर[10] भी

उट्ठेगा अनल-हक़[11] का नारा
जो मैं भी हूँ और तुम भी हो
और राज करेगी ख़ल्क़-ए-ख़ुदा[12]
जो मैं भी हूँ और तुम भी हो

---

1. विधि के विधान 2. घने पहाड़ 3. रियाया या शासित 4. सताधीश 5. सत्ताधारियों के प्रतीक पुतले 6. साफ़ सुथरे लोग 7. धर्मस्थल में प्रवेश से वंचित लोग 8. ईश्वर 9. दृश्य 10. देखने वाला 11. मैं ही सत्य हूँ या अहम् ब्रह्मास्मि 12. आम जनता

(104)

कुछ इश्क़ किया कुछ काम किया
वो लोग बहुत ख़ुश-क़िस्मत थे
जो इश्क़ को काम समझते थे
या काम से आशिक़ी करते थे
हम जीते-जी मसरूफ़[1] रहे

कुछ इश्क़ किया कुछ काम किया
काम इश्क़ के आड़े आता रहा
और इश्क़ से काम उलझता रहा
फिर आख़िर तंग आ कर हम ने
दोनों को अधूरा छोड़ दिया

---

1. व्यस्त

(105)

आ कि वाबस्ता[1] हैं उस हुस्न की यादें तुझ से
जिस ने इस दिल को परी-ख़ाना बना रक्खा था
जिस की उल्फ़त[2] में भुला रक्खी थी दुनिया हम ने
दहर को दहर का अफ़्साना बना रक्खा था

आश्ना हैं तिरे क़दमों से वो राहें जिन पर
उस की मदहोश जवानी ने इनायत की है
कारवाँ गुज़रे हैं जिन से उसी रानाई के
जिस की इन आँखों ने बे-सूद इबादत की है

तुझ से खेली हैं वो महबूब हवाएँ जिन में
उस के मल्बूस की अफ़्सुर्दा[3] महक बाक़ी है
तुझ पे बरसा है उसी बाम से महताब का नूर
जिस में बीती हुई रातों की कसक बाक़ी है

तू ने देखी है वो पेशानी वो रुख़्सार वो होंट
ज़िंदगी जिन के तसव्वुर[4] में लुटा दी हम ने
तुझ पे उट्ठी हैं वो खोई हुई साहिर आँखें
तुझ को मालूम है क्यूँ उम्र गँवा दी हम ने

हम पे मुश्तरका हैं एहसान ग़म-ए-उल्फ़त के
इतने एहसान कि गिनवाऊँ तो गिनवा न सकूँ
हम ने इस इश्क़ में क्या खोया है क्या सीखा है
जुज़ तिरे और को समझाऊँ तो समझा न सकूँ

आजिज़ी सीखी ग़रीबों की हिमायत सीखी
यास-ओ-हिरमान के दुख-दर्द के मअ'नी सीखे
ज़ेर-दस्तों के मसाइब[5] को समझना सीखा
सर्द आहों के रुख़-ए-ज़र्द के मअ'नी सीखे

जब कहीं बैठ के रोते हैं वो बेकस जिन के
अश्क आँखों में बिलकते हुए सो जाते हैं
ना-तवानों के निवालों पे झपटते हैं उक़ाब
बाज़ू तोले हुए मंडलाते हुए आते हैं

जब कभी बिकता है बाज़ार में मज़दूर का गोश्त
शाह-राहों पे ग़रीबों का लहू बहता है
आग सी सीने में रह रह के उबलती है न पूछ
अपने दिल पर मुझे क़ाबू ही नहीं रहता है

---

1. संबंधित 2. प्रेम 3. उदास 4. याद 5. मुसीबत 6. बाज

(106)

गर मुझे इस का यक़ीं हो मिरे हमदम मिरे दोस्त
गर मुझे इस का यक़ीं हो कि तिरे दिल की थकन
तिरी आँखों की उदासी तेरे सीने की जलन
मेरी दिल-जूई मिरे प्यार से मिट जाएगी
गर मिरा हर्फ़-ए-तसल्ली वो दवा हो जिस से
जी उठे फिर तिरा उजड़ा हुआ बे-नूर दिमाग़

तेरी पेशानी से ढल जाएँ ये तज़लील[1] के दाग़
तेरी बीमार जवानी को शिफ़ा हो जाए
गर मुझे इस का यक़ीं हो मिरे हमदम मरे दोस्त
रोज़ ओ शब शाम ओ सहर मैं तुझे बहलाता रहूँ
मैं तुझे गीत सुनाता रहूँ हल्के शीरीं
आबशारों के बहारों के चमन-ज़ारों के गीत
आमद-ए-सुब्ह के, महताब के, सय्यारों के गीत

तुझ से मैं हुस्न-ओ-मोहब्बत की हिकायात[2] कहूँ
कैसे मग़रूर हसीनाओं के बरफ़ाब से जिस्म
गर्म हाथों की हरारत में पिघल जाते हैं
कैसे इक चेहरे के ठहरे हुए मानूस नुक़ूश
देखते देखते यक-लख़्त बदल जाते हैं
किस तरह आरिज़-ए-महबूब का शफ़्फ़ाफ़[3] बिलोर

यक-ब-यक बादा-ए-अहमर से दहक जाता है
कैसे गुलचीं के लिए झुकती है ख़ुद शाख़-ए-गुलाब
किस तरह रात का ऐवान महक जाता है

यूँही गाता रहूँ गाता रहूँ तेरी ख़ातिर
गीत बुनता रहूँ बैठा रहूँ तेरी ख़ातिर
पर मिरे गीत तिरे दुख का मुदावा ही नहीं
नग़मा जर्राह नहीं मूनिस-ओ-ग़म ख़्वार सही
गीत नश्तर तो नहीं मरहम-ए-आज़ार सही
तेरे आज़ार का चारा नहीं नश्तर के सिवा
और ये सफ़्फ़ाक मसीहा मिरे क़ब्ज़े में नहीं
इस जहाँ के किसी ज़ी-रूह के क़ब्ज़े में नहीं
हाँ मगर तेरे सिवा तेरे सिवा तेरे सिवा

---

1. तिरस्कार 2. किस्से 3. पारदर्शी

(107)

इस वक़्त तो यूँ लगता है अब कुछ भी नहीं है
महताब[1] न सूरज, न अँधेरा न सवेरा

आँखों के दरीचों[2] पे किसी हुस्न की चिलमन[3]
और दिल की पनाहों में किसी दर्द का डेरा

मुमकिन है कोई वहम था, मुमकिन है सुना हो
गलियों में किसी चाप का इक आख़िरी फेरा

शाख़ों में ख़यालों के घने पेड़ की शायद
अब आ के करेगा न कोई ख़्वाब बसेरा

इक बैर न इक मेहर न इक रब्त[4] न रिश्ता
तेरा कोई अपना, न पराया कोई मेरा

माना कि ये सुनसान घड़ी सख़्त कड़ी है
लेकिन मिरे दिल ये तो फ़क़त[5] इक ही घड़ी है
हिम्मत करो जीने को तो इक उम्र पड़ी है

1. चाँद 2. पलकों 3. पर्दा 4. प्रेम संबंध 5. मात्र

(107)

हम परवरिश-ए-लौह-ओ-क़लम करते रहेंगे
जो दिल पे गुज़रती है रक़्म[1] करते रहेंगे

असबाब-ए-ग़म-ए-इश्क़ बहम करते रहेंगे
वीरानी-ए-दौराँ पे करम करते रहेंगे

हाँ तल्ख़ी-ए-अय्याम[2] अभी और बढ़ेगी
हाँ अहल-ए-सितम मश्क़-ए-सितम करते रहेंगे

मंज़ूर ये तल्ख़ी ये सितम हम को गवारा
दम है तो मुदावा-ए-अलम करते रहेंगे

मय-ख़ाना सलामत है तो हम सुर्ख़ी-ए-मय[3] से
तज़ईन-ए-दर-ओ-बाम-ए-हरम करते रहेंगे

बाक़ी है लहू दिल में तो हर अश्क से पैदा
रंग-ए-लब-ओ-रुख़्सार-ए-सनम करते रहेंगे

इक तर्ज़-ए-तग़ाफ़ुल[4] है सो वो उन को मुबारक
इक अर्ज़-ए-तमन्ना है सो हम करते रहेंगे

---

1. लिखित रूप में दर्ज करना 2. रोज की तकरार 3. शराब की लाली 4. लापरवाही

(109)

आज इक हर्फ़[1] को फिर ढूंढता फिरता है ख़याल
मध भरा हर्फ़ कोई ज़हर भरा हर्फ़ कोई
दिल-नशीं हर्फ़ कोई क़हर भरा हर्फ़ कोई
हर्फ़-ए-उल्फ़त कोई दिलदार-ए-नज़र हो जैसे
जिस से मिलती है नज़र बोसा-ए-लब की सूरत
इतना रौशन कि सर-ए-मौजा-ए-ज़र हो जैसे
सोहबत-ए-यार में आग़ाज़-ए-तरब की सूरत
हर्फ़-ए-नफ़रत कोई शमशीर-ए-ग़ज़ब[2] हो जैसे
ता-अबद शहर-ए-सितम जिस से तबह हो जाएँ

इतना तारीक कि शमशान की शब हो जैसे
लब पे लाऊँ तो मिरे होंट सियह हो जाएँ
आज हर सुर से हर इक राग का नाता टूटा
ढूंढती फिरती है मुतरिब[3] को फिर उस की आवाज़
जोशिश-ए-दर्द[4] से मजनूँ के गरेबाँ की तरह
चाक-दर-चाक हुआ आज हर इक पर्दा-ए-साज़
आज हर मौज-ए-हवा से है सवाली ख़िल्क़त[5]
ला कोई नग़्मा कोई सौत तिरी उम्र दराज़
नौहा-ए-ग़म ही सही शोर-ए-शहादत ही सही
सूर-ए-महशर ही सही बाँग-ए-क़यामत ही सही

---

1. अक्षरशः 2. बेहतरीन तलवार 3. गायक 4. मोहब्बत का दर्द 5. सृष्टि

(110)

ये रात उस दर्द का शजर[1] है
जो मुझ से तुझ से अज़ीम-तर है
अज़ीम-तर[2] है कि इस की शाख़ों
में लाख मिशअल-ब-कफ़ सितारों
के कारवाँ घर के खो गए हैं
हज़ार महताब इस के साए
में अपना सब नूर रो गए हैं

ये रात उस दर्द का शजर है
जो मुझ से तुझ से अज़ीम-तर है
मगर इसी रात के शजर से
ये चंद लम्हों के ज़र्द पत्ते

गिरे हैं और तेरे गेसुओं[3] में
उलझ के गुलनार हो गए हैं
इसी की शबनम से ख़ामुशी के
ये चंद क़तरे तिरी जबीं पर
बरस के हीरे पिरो गए हैं

बहुत सियह है ये रात लेकिन
इसी सियाही में रूनुमा है
वो नहर-ए-ख़ूँ जो मिरी सदा है
इसी के साए में नूर गर है
वो मौज-ए-ज़र जो तिरी नज़र है

वो ग़म जो इस वक़्त तेरी बाँहों
के गुलसिताँ में सुलग रहा है
वो ग़म जो इस रात का समर है
कुछ और तप जाए अपनी आहों
की आँच में तो यही शरर है

हर इक सियह शाख़ की कमाँ से
जिगर में टूटे हैं तीर जितने
जिगर से नोचे हैं और हर इक
का हम ने तेशा बना लिया है

अलम-नसीबों जिगर-फ़िगारों
की सुब्ह अफ़्लाक पर नहीं है
जहाँ पे हम तुम खड़े हैं दोनों
सहर का रौशन उफ़ुक़ [4]यहीं है
यहीं पे ग़म के शरार खिल कर
शफ़क़ का गुलज़ार बन गए हैं
यहीं पे क़ातिल दुखों के तेशे
क़तार अंदर क़तार किरनों
के आतिशीं[5] हार बन गए हैं
ये ग़म जो इस रात ने दिया है
ये ग़म सहर का यक़ीं बना है
यक़ीं जो ग़म से करीम-तर है
सहर जो शब से अज़ीम-तर है

---

1. वृक्ष 2. जुड़ा होना 3. बाल 4. क्षितिज 5. आग

(111)

वो वक़्त मिरी जान बहुत दूर नहीं है
जब दर्द से रुक जाएँगी सब ज़ीस्त[1] की राहें
और हद से गुज़र जाएगा अंदोह-ए-निहानी
थक जाएँगी तरसी हुई नाकाम निगाहें
छिन जाएँगे मुझ से मिरे आँसू मिरी आहें
छिन जाएगी मुझ से मिरी बे-कार जवानी

शायद मिरी उल्फ़त[2] को बहुत याद करोगी
अपने दिल-ए-मासूम को नाशाद करोगी
आओगी मिरी गोर पे तुम अश्क बहाने
नौ-ख़ेज़ बहारों के हसीं फूल चढ़ाने

शायद मिरी तुर्बत[3] को भी ठुकरा के चलोगी
शायद मिरी बे-सूद वफ़ाओं पे हँसोगी
इस वज़्-ए-करम का भी तुम्हें पास न होगा
लेकिन दिल-ए-नाकाम को एहसास न होगा

अल-क़िस्सा मआल-ए-ग़म-ए-उल्फ़त पे हँसो तुम
या अश्क बहाती रहो फ़रियाद करो तुम
माज़ी पे नदामत हो तुम्हें या कि मसर्रत[4]
ख़ामोश पड़ा सोएगा वामांदा-ए-उल्फ़त

---

1. जिन्दगी 2. दुखी 3. समाधि 4. ख़ुशी

(112)

तुझ को कितनों का लहू चाहिए ऐ अर्ज़-ए-वतन
जो तिरे आरिज़-ए-बे-रंग[1] को गुलनार करें
कितनी आहों से कलेजा तिरा ठंडा होगा
कितने आँसू तिरे सहराओं को गुलज़ार करें

तेरे ऐवानों[2] में पुर्ज़े हुए पैमाँ कितने
कितने वादे जो न आसूदा-ए-इक़रार हुए
कितनी आँखों को नज़र खा गई बद-ख़्वाहों की
ख़्वाब कितने तिरी शह-राहों में संगसार[3] हुए

"बला-कशान-ए-मोहब्बत पे जो हुआ सो हुआ
जो मुझ पे गुज़री मत उस से कहो, हुआ सो हुआ
मबादा हो कोई ज़ालिम तिरा गरेबाँ-गीर
लहू के दाग़ तू दामन से धो, हुआ सो हुआ"

हम तो मजबूर-ए-वफ़ा हैं मगर ऐ जान-ए-जहाँ
अपने उश्शाक़[4] से ऐसे भी कोई करता है
तेरी महफ़िल को ख़ुदा रक्खे अबद तक क़ाएम
हम तो मेहमाँ हैं घड़ी भर के हमारा क्या है

1. रूखे गाल 2. भवन 3. एक तरह की सजा जिसमें पत्थर से मारते हैं 4. प्रेमी

(113)

ताज़ा हैं अभी याद में ऐ साक़ी-ए-गुलफ़ाम
वो अक्स-ए-रुख़-ए-यार से लहके हुए अय्याम[1]
वो फूल सी खुलती हुई दीदार की साअत
वो दिल सा धड़कता हुआ उम्मीद का हंगाम[2]

उम्मीद कि लौ जागा ग़म-ए-दिल का नसीबा
लो शौक़ की तरसी हुई शब हो गई आख़िर
लो डूब गए दर्द के बे-ख़्वाब सितारे
अब चमकेगा बे-सब्र निगाहों का मुक़द्दर

इस बाम से निकलेगा तिरे हुस्न का ख़ुर्शीद[3]
इस कुंज से फूटेगी किरन रंग-ए-हिना की
इस दर से बहेगा तिरी रफ़्तार का सीमाब
उस राह पे फैलेगी शफ़क़ तेरी क़बा की

फिर देखे हैं वो हिज्र[4] के तपते हुए दिन भी
जब फ़िक्र-ए-दिल-ओ-जाँ में फ़ुग़ाँ भूल गई है
हर शब वो सियह बोझ कि दिल बैठ गया है
हर सुब्ह की लौ तीर सी सीने में लगी है

तंहाई में क्या क्या न तुझे याद किया है
क्या क्या न दिल-ए-ज़ार ने ढूँडी हैं पनाहें
आँखों से लगाया है कभी दस्त-ए-सबा को
डाली हैं कभी गर्दन-ए-महताब में बाहें

चाहा है इसी रंग में लैला-ए-वतन को
तड़पा है इसी तौर से दिल उस की लगन में
ढूँडी है यूँही शौक़ ने आसाइश-ए-मंज़िल
रुख़्सार के ख़म में कभी काकुल[5] की शिकन में

उस जान-ए-जहाँ को भी यूँही क़ल्ब-ओ-नज़र ने
हँस हँस के सदा दी कभी रो रो के पुकारा
पूरे किए सब हर्फ़-ए-तमन्ना के तक़ाज़े
हर दर्द को उजयाला हर इक ग़म को सँवारा

वापस नहीं फेरा कोई फ़रमान जुनूँ का
तन्हा नहीं लौटी कभी आवाज़ जरस की
ख़ैरिय्यत-ए-जाँ राहत-ए-तन सेह्हत-ए-दामाँ
सब भूल गईं मस्लिहतें अहल-ए-हवस की

इस राह में जो सब पे गुज़रती है वो गुज़री
तन्हा पस-ए-ज़िंदाँ कभी रुस्वा सर-ए-बाज़ार
गरजे हैं बहुत शैख़ सर-ए-गोशा-ए-मिम्बर
कड़के हैं बहुत अहल-ए-हकम बर-सर-ए-दरबार

छोड़ा नहीं ग़ैरों ने कोई नावक-ए-दुश्नाम
छूटी नहीं अपनों से कोई तर्ज़-ए-मलामत
उस इश्क़ न उस इश्क़ पे नादिम है मगर दिल
हर दाग़ है इस दिल में ब-जुज़-दाग़-ए-नदामत

---

1. दिन 2. मौसम 3. सूरज 4. अकेलापन 5. जुल्फ

(114)

मिरे दिल, मिरे मुसाफ़िर
हुआ फिर से हुक्म सादिर[1]
कि वतन-बदर हों हम तुम
दें गली गली सदाएँ
करें रुख़ नगर नगर, का
कि सुराग़ कोई पाएँ
किसी यार-ए-नामा-बर का
हर इक अजनबी से पूछें
जो पता था अपने घर का
सर-ए-कू-ए-ना-शनायाँ
हमें दिन से रात करना
कभी इस से बात करना
कभी उस से बात करना
तुम्हें क्या कहूँ कि क्या है
शब-ए-ग़म बुरी बला है
हमें ये भी था ग़नीमत
जो कोई शुमार होता
हमें क्या बुरा था मरना
अगर एक बार होता!

---

1. परेशान

(115)

मोती हो कि शीशा जाम कि दुर[1]
जो टूट गया सो टूट गया
कब अश्कों से जुड़ सकता है
जो टूट गया सो छूट गया

तुम नाहक़ टुकड़े चुन चुन कर
दामन में छुपाए बैठे हो
शीशों का मसीहा कोई नहीं
क्या आस लगाए बैठे हो

शायद कि इन्हीं टुकड़ों में कहीं
वो साग़र-ए-दिल है जिस में कभी
सद-नाज़ से उतरा करती थी
सहबा-ए-ग़म-ए-जानाँ की परी

फिर दुनिया वालों ने तुम से
ये साग़र ले कर फोड़ दिया
जो मय थी बहा दी मिट्टी में
मेहमान का शहपर तोड़ दिया

ये रंगीं रेज़े हैं शायद
उन शोख़ बिलोरीं सपनों के
तुम मस्त जवानी में जिन से
ख़ल्वत[2] को सजाया करते थे

नादारी दफ़्तर भूक और ग़म
उन सपनों से टकराते रहे
बे-रहम था चौमुख पथराओ
ये काँच के ढाँचे क्या करते

या शायद इन ज़र्रों में कहीं
मोती है तुम्हारी इज़्ज़त का
वो जिस से तुम्हारे इज्ज़ पे भी
शमशाद-क़दों ने रश्क किया

इस माल की धुन में फिरते थे
ताजिर भी बहुत रहज़न[3] भी कई
है चोर-नगर याँ मुफ़लिस की
गर जान बची तो आन गई

ये साग़र शीशे लाल-ओ-गुहर
सालिम हों तो क़ीमत पाते हैं
यूँ टुकड़े टुकड़े हों तो फ़क़त
चुभते हैं लहू रुलवाते हैं

तुम नाहक़ शीशे चुन चुन कर
दामन में छुपाए बैठे हो
शीशों का मसीहा कोई नहीं
क्या आस लगाए बैठे हो
यादों के गिरेबानों के रफ़ू
पर दिल की गुज़र कब होती है
इक बख़िया उधेड़ा एक सिया
यूँ उम्र बसर कब होती है

इस कार-गह-ए-हस्ती में जहाँ
ये साग़र शीशे ढलते हैं

हर शय का बदल मिल सकता है
सब दामन पुर हो सकते हैं

जो हाथ बढ़े यावर है यहाँ
जो आँख उठे वो बख़्तावर
याँ धन-दौलत का अंत नहीं
हों घात में डाकू लाख मगर

कब लूट-झपट से हस्ती की
दूकानें ख़ाली होती हैं
याँ परबत-परबत हीरे हैं
याँ सागर सागर मोती हैं

कुछ लोग हैं जो इस दौलत पर
पर्दे लटकाते फिरते हैं
हर पर्बत को हर सागर को
नीलाम चढ़ाते फिरते हैं

कुछ वो भी हैं जो लड़ भिड़ कर
ये पर्दे नोंच गिराते हैं
हस्ती के उठाई-गीरों की
हर चाल उलझाए जाते हैं

इन दोनों में रन पड़ता है
नित बस्ती-बस्ती नगर-नगर
हर बस्ते घर के सीने में
हर चलती राह के माथे पर

ये कालक भरते फिरते हैं
वो जोत जगाते रहते हैं

ये आग लगाते फिरते हैं
वो आग बुझाते रहते हैं

सब साग़र शीशे लाल-ओ-गुहर
इस बाज़ी में बद जाते हैं
उट्ठो सब ख़ाली हाथों को
इस रन से बुलावे आते हैं

---

1. कीमती मोती 2. शयनकक्ष 3. सुखचैन लूटने वाला

(116)

बहार आई तो जैसे यक-बार
लौट आए हैं फिर अदम[1] से
वो ख़्वाब सारे शबाब[2] सारे
जो तेरे होंटों पे मर-मिटे थे

जो मिट के हर बार फिर जिए थे
निखर गए हैं गुलाब सारे
जो तेरी यादों से मुश्कबू हैं
जो तेरे उश्शाक़[3] का लहू हैं

उबल पड़े हैं अज़ाब सारे
मलाल-ए-अहवाल[4]-ए-दोस्ताँ भी
ख़ुमार-ए-आग़ोश-ए-मह-वशां भी
ग़ुबार-ए-ख़ातिर के बाब सारे

तिरे हमारे
सवाल सारे जवाब सारे
बहार आई तो खुल गए हैं
नए सिरे से हिसाब सारे

---

1. परलोक 2. यौवन 3. प्रेमी 4. परिस्थितियां

(117)

गुल हुई जाती है अफ़्सुर्दा[1] सुलगती हुई शाम
धुल के निकलेगी अभी चश्मा-ए-महताब से रात
और मुश्ताक़[2] निगाहों की सुनी जाएगी
और उन हाथों से मस होंगे ये तरसे हुए हात

उन का आँचल है कि रुख़्सार कि पैराहन है
कुछ तो है जिस से हुई जाती है चिलमन रंगीं
जाने उस ज़ुल्फ़ की मौहूम घनी छाँव में
टिमटिमाता है वो आवेज़ा[3] अभी तक कि नहीं

आज फिर हुस्न-ए-दिल-आरा की वही धज होगी
वही ख़्वाबीदा सी आँखें वही काजल की लकीर
रंग-ए-रुख़्सार पे हल्का सा वो ग़ाज़े का ग़ुबार
संदली[4] हाथ पे धुंदली सी हिना की तहरीर

अपने अफ़्कार[5] की अशआर की दुनिया है यही
जान-ए-मज़मूँ है यही शाहिद-ए-मअ'नी है यही
आज तक सुर्ख़ ओ सियह सदियों के साए के तले
आदम ओ हव्वा की औलाद पे क्या गुज़री है?

मौत और ज़ीस्त[6] की रोज़ाना सफ़-आराई में
हम पे क्या गुज़रेगी अज्दाद पे क्या गुज़री है?
इन दमकते हुए शहरों की फ़रावाँ मख़्लूक़[7]
क्यूँ फ़क़त मरने की हसरत में जिया करती है

ये हसीं खेत फटा पड़ता है जौबन जिन का!
किस लिए इन में फ़क़त भूक उगा करती है
ये हर इक सम्त पुर-असरार कड़ी दीवारें
जल-बुझे जिन में हज़ारों की जवानी के चराग़

ये हर इक गाम पे उन ख़्वाबों की मक़्तल-गाहें
जिन के परतव से चराग़ाँ हैं हज़ारों के दिमाग़
ये भी हैं ऐसे कई और भी मज़मूँ होंगे
लेकिन उस शोख़ के आहिस्ता से खुलते हुए होंट

हाए उस जिस्म के कम्बख़्त दिल-आवेज़ ख़ुतूत[8]
आप ही कहिए कहीं ऐसे भी अफ़्सूँ होंगे
अपना मौज़ू-ए-सुख़न उन के सिवा और नहीं
तब्अ-ए-शाएर का वतन उन के सिवा और नहीं

---

1. दुःख 2. अभिलाषी 3. कान का बूंदा 4. गेहूंए 5. ख्यालात 6. जिन्दगी 7. सृष्टि 8. लकीरें

(118)

इक ज़रा सोचने दो
इस ख़याबाँ[1] में
जो इस लहज़ा बयाबाँ[2] भी नहीं
कौन सी शाख़ में फूल आए थे सब से पहले
कौन बे-रंग हुई रंज-ओ-तअब से पहले
और अब से पहले
किस घड़ी कौन से मौसम में यहाँ
ख़ून का क़हत[3] पड़ा
गुल की शह-रग पे कड़ा
वक़्त पड़ा
सोचने दो
सोचने दो

इक ज़रा सोचने दो
ये भरा शहर जो अब वादी-ए-वीराँ भी नहीं
इस में किस वक़्त कहाँ
आग लगी थी पहले
इस के सफ़-बस्ता दरीचों में से किस में अव्वल
ज़ह हुई सुर्ख़ शुआओं[4] की कमाँ
किस जगह जोत जगी थी पहले
सोचने दो

हम से उस देस का तुम नाम ओ निशाँ पूछते हो
जिस की तारीख़ न जुग़राफ़िया[5] अब याद आए
और याद आए तो महबू-ए-गुज़िश्ता याद आए

रू-ब-रू आने से जी घबराए
हाँ मगर जैसे कोई

ऐसे महबूब या महबूबा का दिल रखने को
आ निकलता है कभी रात बिताने के लिए
हम अब उस उम्र को आ पहुँचे हैं जब हम भी यूँही
दिल से मिल आते हैं बस रस्म निभाने के लिए
दिल की क्या पूछते हो
सोचने दो

---

1. बाग़ के बीच का रास्ता 2. जंगल 3. सूखा 4. आशा की किरण 5. भूगोल

(119)

अब क्यूँ उस दिन का ज़िक्र करो
जब दिल टुकड़े हो जाएगा
और सारे ग़म मिट जाएँगे
जो कुछ पाया खो जाएगा
जो मिल न सका वो पाएँगे
ये दिन तो वही पहला दिन है
जो पहला दिन था चाहत का
हम जिस की तमन्ना करते रहे
और जिस से हर दम डरते रहे
ये दिन तो कई बार आया
सौ बार बसे और उजड़ गए
सौ बार लुटे और भर पाया

अब क्यूँ उस दिन का ज़िक्र करो
जब दिल टुकड़े हो जाएगा
और सारे ग़म मिट जाएँगे
तुम ख़ौफ़-ओ-ख़तर से दर-गुज़रो
जो होना है सो होना है
गर हँसना है तो हँसना है
गर रोना है तो रोना है
तुम अपनी करनी कर गुज़रो
जो होगा देखा जाएगा

(120)

तुम न आए थे तो हर इक चीज़ वही थी कि जो है
आसमाँ हद्द-ए-नज़र राहगुज़र[1] राहगुज़र शीशा-ए-मय शीशा-ए-मय[2]
और अब शीशा-ए-मय राहगुज़र रंग-ए-फ़लक
रंग है दिल का मिरे ख़ून-ए-जिगर होने तक
चम्पई रंग कभी राहत-ए-दीदार का रंग
सुरमई रंग कि है साअत-ए-बेज़ार का रंग
ज़र्द पत्तों का ख़स-ओ-ख़ार[3] का रंग
सुर्ख़ फूलों का दहकते हुए गुलज़ार का रंग
ज़हर का रंग लहू रंग शब-ए-तार का रंग
आसमाँ राहगुज़र शीशा-ए-मय
कोई भीगा हुआ दामन कोई दुखती हुई रग
कोई हर लहज़ा बदलता हुआ आईना है

अब जो आए हो तो ठहरो कि कोई रंग कोई रुत कोई शय
एक जगह पर ठहरे
फिर से इक बार हर इक चीज़ वही हो कि जो है
आसमाँ हद्द-ए-नज़र राहगुज़र राहगुज़र शीशा-ए-मय शीशा-ए-मय

---

1. रास्ते का सिरा 2. शराब की बोतल 3. झाड़ झंकाड़

(121)

मिरा दर्द नग़मा-ए-बे-सदा
मिरी ज़ात ज़र्रा-ए-बे-निशाँ
मेरे दर्द को जो ज़बाँ मिले
मुझे अपना नाम-ओ-निशाँ मिले
मेरी ज़ात का जो निशाँ मिले
मुझे राज़-ए-नज़्म-ए-जहाँ मिले
जो मुझे ये राज़-ए-निहाँ मिले
मिरी ख़ामुशी को बयाँ मिले
मुझे काएनात की सरवरी[1]
मुझे दौलत-ए-दो-जहाँ मिले

---

1. अध्यक्षता

(122)

चलो फिर से मुस्कुराएँ
चलो फिर से दिल जलाएँ
जो गुज़र गईं हैं रातें
उन्हें फिर जगा के लाएँ
जो बिसर गईं हैं बातें
उन्हें याद में बुलाएँ
चलो फिर से दिल लगाएँ

चलो फिर से मुस्कुराएँ
किसी शह-नशीं[1] पे झलकी
वो धनक किसी क़बा[2] की
किसी रग में कसमसाई
वो कसक किसी अदा की
कोई हर्फ़-ए-बे-मुरव्वत
किसी कुंज-ए-लब से फूटा
वो छनक के शीशा-ए-दिल[3]
तह-ए-बाम फिर से टूटा

ये मिलन की ना मिलन की
ये लगन की और जलन की
जो सही हैं वारदातें
जो गुज़र गईं हैं रातें
जो बिसर गई हैं बातें
कोई उन की धुन बनाएँ

कोई उन का गीत गाएँ
चलो फिर से मुस्कुराएँ
चलो फिर से दिल जलाएँ

1. सिंघासन 2. बादशाह की पोशाक 3. कमजोर दिल

(123)

आज शब दिल के क़रीं कोई नहीं है
आँख से दूर तिलिस्मात[1] के दर वा हैं कई
ख़्वाब-दर-ख़्वाब महल्लात के दर वा हैं कई
और मकीं[2] कोई नहीं है,
आज शब दिल के क़रीं कोई नहीं है
कोई नग़मा, कोई ख़ुशबू, कोई काफ़िर-सूरत
कोई उम्मीद, कोई आस मुसाफ़िर-सूरत
कोई गम, कोई कसक, कोई शक, कोई यक़ीं
कोई नहीं है
आज शब दिल के क़रीं[3] कोई नहीं है
तुम अगर हो, तो मिरे पास हो या दूर हो तुम
हर घड़ी साया-गर-ए-ख़ातिर-ए-रंजूर हो तुम
और नहीं हो तो कहीं... कोई नहीं, कोई नहीं है
आज शब दिल के क़रीं कोई नहीं है

1. चमत्कार 2. मकान 3. साथ रहने वाला

(124)

वो जिस की दीद[1] में लाखों मसर्रतें पिन्हाँ
वो हुस्न जिस की तमन्ना में जन्नतें पिन्हाँ

हज़ार फ़ित्ने[2] तह-ए-पा-ए-नाज़ ख़ाक-नशीं
हर इक निगाह ख़ुमार-ए-शबाब से रंगीं

शबाब जिस से तख़य्युल[3] पे बिजलियाँ बरसें
वक़ार जिस की रफ़ाक़त को शोख़ियाँ तरसें
अदा-ए-लग़्ज़िश-ए-पा पर क़यामतें क़ुर्बां
बयाज़-रुख़ पे सहर की सबाहतें क़ुर्बां
सियाह ज़ुल्फ़ों में वारफ़्ता निकहतों का हुजूम
तवील रातों की ख़्वाबीदा राहतों का हुजूम
वो आँख जिस के बनाव प ख़ालिक़ इतराए
ज़बान-ए-शेर को तारीफ़ करते शर्म आए
वो होंट फ़ैज़ से जिन के बहार लाला-फ़रोश

बहिश्त ओ कौसर ओ तसनीम[4] ओ सलसबील ब-दोश
गुदाज़ जिस्म क़बा जिस पे सज के नाज़ करे
दराज़ क़द जिसे सर्व-ए-सही नमाज़ करे
ग़रज़ वो हुस्न जो मोहताज-ए-वस्फ़-ओ-नाम नहीं
वो हसन जिस का तसव्वुर बशर का काम नहीं
किसी ज़माने में इस रह-गुज़र से गुज़रा था
ब-सद ग़ुरूर ओ तजम्मुल[5] इधर से गुज़रा था

और अब ये राह-गुज़र भी है दिल-फ़रेब ओ हसीं

है इस की ख़ाक में कैफ़-ए-शराब-ओ-शेर मकीं
हवा में शोख़ी-ए-रफ़्तार की अदाएँ हैं
फ़ज़ा में नर्मी-ए-गुफ़्तार की सदाएँ हैं
ग़रज़ वो हुस्न अब इस रह का जुज़्व-ए-मंज़र है
नियाज़-ए-इश्क़ को इक सज्दा-गह मयस्सर है

---

1. निगाह 2. उथल-पुथल 3. विचारना 4. स्वर्ग की एक लहर 5. ठाट बाट

(125)

जब दुख की नदिया में हम ने
जीवन की नाव डाली थी
था कितना कस-बल बाँहों में
लोहू में कितनी लाली थी
यूँ लगता था दो हाथ लगे
और नाव पूरम पार लगी
ऐसा न हुआ, हर धारे में
कुछ अन-देखी मंजधारें थीं
कुछ माँझी थे अंजान बहुत
कुछ बे-परखी पतवारें थीं
अब जो भी चाहो छान करो
अब जितने चाहो दोश धरो
नदिया तो वही है, नाव वही
अब तुम ही कहो क्या करना है
अब कैसे पार उतरना है
जब अपनी छाती में हम ने
इस देस के घाव देखे थे
था वेदों पर विश्वाश बहुत
और याद बहुत से नुस्ख़े थे
यूँ लगता था बस कुछ दिन में
सारी बिपता कट जाएगी
और सब घाव भर जाएँगे
ऐसा न हुआ कि रोग अपने
कुछ इतने ढेर पुराने थे
वेद इन की टोह को पा न सके

और टोटके सब बे-कार गए
अब जो भी चाहो छान करो
अब जितने चाहो दोश धरो
छाती तो वही है, घाव वही
अब तुम ही कहो क्या करना है
ये घाव कैसे भरना है

(126)

मर जाएँगे ज़ालिम की हिमायत न करेंगे
अहरार[1] कभी तर्क-ए-रिवायत न करेंगे
क्या कुछ न मिला है जो कभी तुझ से मिलेगा
अब तेरे न मिलने की शिकायत न करेंगे
शब बीत गई है तो गुज़र जाएगा दिन भी
हर लहज़ा जो गुज़री वो हिकायत[2] न करेंगे
ये फ़क्र दिल-ए-ज़ार का एवज़ाना बहुत है
शाही नहीं माँगेंगे विलायत न करेंगे
हम शैख़ न लीडर न मुसाहिब[3] न सहाफ़ी
जो ख़ुद नहीं करते वो हिदायत न करेंगे

1. भारतीय उपमहाद्वीप के संग्राम का नाम 2. कहानी 3. सुल्तान

(127)

मिरी तिरी निगाह में
जो लाख इंतिज़ार हैं
जो मेरे तेरे तन-बदन में
लाख दिल-फ़िगार[1] हैं
जो मेरी तेरी उँगलियों की बे-हिसी से
सब क़लम नज़ार[2] हैं

जो मेरे तेरे शहर की
हर इक गली में
मेरे तेरे नक़्श-ए-पा के बे-निशाँ मज़ार हैं
जो मेरी तेरी रात के
सितारे ज़ख़्म ज़ख़्म हैं
जो मेरी तेरी सुब्ह के
गुलाब चाक चाक हैं

ये ज़ख़्म सारे बे-दवा
ये चाक सारे बे-रफ़ू
किसी पे राख चाँद की
किसी पे ओस का लहू

ये है भी या नहीं, बता
ये है, कि महज़ जाल है
मिरे तुम्हारे अंकबूत-ए-वहम[3] का बुना हुआ

जो है तो इस का क्या करें

नहीं है तो भी क्या करें
बता, बता,
बता, बता

---

1. जख्मी 2. कमजोर 3. भ्रम पैदा होना

(128)

गुलशन-ए-याद में गर आज दम-ए-बाद-ए-सबा
फिर से चाहे कि गुल-अफ़शाँ हो तो हो जाने दो
उम्र-ए-रफ़्ता के किसी ताक़ पे बिसरा हुआ दर्द
फिर से चाहे कि फ़रोज़ाँ हो तो हो जाने दो
जैसे बेगाने से अब मिलते हो वैसे ही सही

आओ दो चार घड़ी मेरे मुक़ाबिल[1] बैठो
गरचे मिल-बैठेंगे हम तुम तो मुलाक़ात के ब'अद
अपना एहसास-ए-ज़ियाँ और ज़ियादा होगा
हम-सुख़न होंगे जो हम दोनों तो हर बात के बीच
अन-कही बात का मौहूम[2] सा पर्दा होगा

कोई इक़रार न मैं याद दिलाऊँगा तुम्हें
कोई मज़मून[3] वफ़ा का न जफ़ा का होगा
गर्द-ए-अय्याम की तहरीर को धोने के लिए
तुम से गोया हों दम-ए-दीद जो मेरी पलकें
तुम जो चाहो तो सुनो और जो न चाहो न सुनो
और जो हर्फ़ करें मुझ से गुरेज़ाँ आँखें
तुम जो चाहो तो कहो और जो न चाहो न कहो

---

1. बराबर 2. काल्पनिक 3. विषय

(129)

रात बाक़ी थी अभी जब सर-ए-बालीं आ कर
चाँद ने मुझ से कहा 'जाग सहर आई है
जाग इस शब जो मय-ए-ख़्वाब तिरा हिस्सा थी
जाम के लब से तह-ए-जाम उतर आई है'
अक्स-ए-जानाँ को विदा कर के उठी मेरी नज़र
शब के ठहरे हुए पानी की सियह चादर पर

जा-ब-जा रक़्स में आने लगे चाँदी के भँवर
चाँद के हाथ से तारों के कँवल गिर गिर कर
डूबते तैरते मुरझाते रहे खिलते रहे
रात और सुब्ह बहुत देर गले मिलते रहे

सेह-ए-ज़िंदाँ में रफ़ीक़ों[1] के सुनहरे चेहरे
सतह-ए-ज़ुल्मत से दमकते हुए उभरे कम कम
नींद की ओस ने उन चेहरों से धो डाला था
देस का दर्द फ़िराक़-रुख़-ए-महबूब का ग़म

दूर नौबत हुई फिरने लगे बे-ज़ार क़दम
ज़र्द फ़ाक़ों के सताए हुए पहरे वाले
अहल-ए-ज़िंदाँ के ग़ज़बनाक ख़रोशाँ नाले
जिन की बाहोँ में फिरा करते हैं बाहें डाले
लज़्ज़त-ए-ख़्वाब से मख़मूर[2] हवाएँ जागीं
जेल की ज़हर-भरी चूर सदाएँ जागीं
दूर दरवाज़ा खुला कोई कोई बंद हुआ
दूर मचली कोई ज़ंजीर मचल के रोई

दूर उतरा किसी ताले के जिगर में ख़ंजर

सर पटकने लगा रह रह के दरीचा[3] कोई
गोया फिर ख़्वाब से बेदार हुए दुश्मन-ए-जाँ
संग-ओ-फौलाद से ढाले हुए जन्नात-ए-गिराँ
जिन के चंगुल में शब ओ रोज़ हैं फ़रियाद-कुनाँ
मेरे बेकार शब ओ रोज़ की नाज़ुक परियाँ
अपने शहपूर[4] की रह देख रही हैं ये असीर
जिस के तरकश में हैं उम्मीद के जलते हुए तीर

1. मित्र 2. मदहोश 3. खिड़की 4. शहजादा

(130)

सलाम लिखता है शाएर तुम्हारे हुस्न के नाम
बिखर गया जो कभी रंग-ए-पैरहन सर-ए-बाम

निखर गई है कभी सुब्ह दोपहर कभी शाम
कहीं जो क़ामत-ए-ज़ेबा पे सज गई है क़बा

चमन में सर्व-ओ-सनोबर सँवर गए हैं तमाम
बनी बिसात-ए-ग़ज़ल जब डुबो लिए दिल ने

तुम्हारे साया-ए-रुख़सार-ओ-लब में साग़र-ओ-जाम
सलाम लिखता है शाएर तुम्हारे हुस्न के नाम

तुम्हारे हाथ पे है ताबिश-ए-हिना[1] जब तक
जहाँ में बाक़ी है दिलदारी-ए-उरूस-ए-सुख़न

तुम्हारा हुस्न जवाँ है तो मेहरबाँ है फ़लक
तुम्हारा दम है तो दम-साज़ है हवा-ए-वतन

अगरचे तंग हैं औक़ात सख़्त हैं आलाम[2]
तुम्हारी याद से शीरीं है तल्ख़ी-ए-अय्याम[3]

सलाम लिखता है शाएर तुम्हारे हुस्न के नाम

---

1. मेहँदी की चमक 2. हर प्रकार के दुःख 3. दिनों की कटुता

(131)

किस तरह आएगी जिस रोज़ क़ज़ा[1] आएगी
शायद इस तरह कि जिस तौर कभी अव्वल-ए-शब
बे-तलब पहले-पहल मर्हमत-ए-बोसा-ए-लब
जिस से खुलने लगें हर सम्त तिलिस्मात के दर
और कहीं दूर से अंजान गुलाबों की बहार
यक-ब-यक सीना-ए-महताब को तड़पाने लगे
शायद इस तरह कि जिस तौर कभी आख़िर-ए-शब
नीम-वा कलियों से सरसब्ज़[2] सहर[3]
यक-ब-यक हुजरा-ए-महबूब में लहराने लगे
और ख़ामोश दरीचों से ब-हंगाम-ए-रहील
झनझनाते हुए तारों की सदा आने लगे

किस तरह आएगी जिस रोज़ क़ज़ा आएगी
शायद इस तरह कि जिस तौर तह-ए-नोक-ए-सिनाँ
कोई रग वाहिमा-ए-दर्द से चिल्लाने लगे
और क़ज़्ज़ाक़-ए-सिनाँ-दस्त का धुंधला साया
अज़-कराँ-ता-ब-कराँ दहर पे मंडलाने लगे
किस तरह आएगी जिस रोज़ क़ज़ा आएगी
ख़्वाह क़ातिल की तरह आए कि महबूब-सिफ़त
दिल से बस होगी यही हर्फ़-ए-विदाअ की सूरत
लिल्लाहिल-हम्द ब-अनजाम-ए-दिल-ए-दिल-ज़दगाँ
कलमा-ए-शुक्र ब-नाम-ए-लब-ए-शीरीं-दहनाँ

---

1. मौत 2. हराभरा 3. सुबह

(132)

तीरगी[1] जाल है और भाला है नूर
इक शिकारी है दिन इक शिकारी है रात
जग समुंदर है जिस में किनारे से दूर
मछलियों की तरह इब्न-ए-आदम की ज़ात

जग समुंदर है साहिल पे हैं माही-गीर[2]
जाल थामे कोई कोई भाला लिए
मेरी बारी कब आएगी क्या जानिए
दिन के भाले से मुझ को करेंगे शिकार
रात के जाल में या करेंगे असीर?

---

1. अँधेरा 2. मछली पकड़ने वाला

(133)

आसमाँ की गोद में दम तोड़ता है तिफ़्ल-ए-अब्र[1]
जम रहा है अब्र के होंटों पे ख़ूँ-आलूद कफ़

बुझते बुझते बुझ गई है अर्श के हुजरों में आग
धीरे धीरे बिछ रही है मातमी तारों की सफ़

ऐ सबा शायद तिरे हम-राह ये ख़ूँ-नाक शाम
सर झुकाए जा रही है शहर-ए-याराँ की तरफ़

शहर-ए-याराँ जिस में इस दम ढूँढती फिरती है मौत
शेर-दिल बांकों में अपने तीर-ओ-नश्तर के हदफ़[2]

इक तरफ़ बजती हैं जोश-ए-ज़ीस्त की शहनाइयाँ
इक तरफ़ चिंघाड़ते हैं अहरमन[3] के तब्ल-ओ-दफ़

जा के कहना ऐ सबा ब'अद-अज़-सलाम-ए-दोस्ती
आज शब जिस दम गुज़र हो शहर-ए-याराँ की तरफ़

दश्त-ए-शब में इस घड़ी चुप-चाप है शायद रवाँ
साक़ी-ए-सुब्ह-ए-तरब नग़्मा-ब-लब साग़र-ब-कफ़

वो पहुँच जाए तो होगी फिर से बरपा[4] अंजुमन
और तरतीब-ए-मक़ाम-ओ-मंसब-ओ-जाह-ओ-शरफ़

---

1. छोटा बादल 2. लक्ष्य 3. शैतान 4. शोर गुल

(134)

कहीं तो कारवान-ए-दर्द की मंज़िल ठहर जाए
किनारे आ लगे उम्र-ए-रवाँ या दिल ठहर जाए

अमाँ कैसी कि मौज-ए-ख़ूँ[1] अभी सर से नहीं गुज़री
गुज़र जाए तो शायद बाज़ू-ए-क़ातिल ठहर जाए

कोई दम बादबान-ए-कश्ती-ए-सहबा को तह रक्खो
ज़रा ठहरो ग़ुबार-ए-ख़ातिर-ए-महफ़िल ठहर जाए

ख़ुम-ए-साक़ी cमें जुज़ ज़हर-ए-हलाहल कुछ नहीं बाक़ी
जो हो महफ़िल में इस इकराम के क़ाबिल ठहर जाए

हमारी ख़ामुशी बस दिल से लब तक एक वक़्फ़ा[2] है
ये तूफ़ाँ है जो पल भर बर-लब-ए-साहिल ठहर जाए

निगाह-ए-मुंतज़िर कब तक करेगी आईना-बंदी
कहीं तो दश्त-ए-ग़म[3] में यार का महमिल[4] ठहर जाए

1. खून की लहर 2. अन्तराल 3. दुःख की घड़ी 4. एक प्रकार की डोली

(135)

इस हवस में कि पुकारे जरस-ए-गुल की सदा
दश्त-ओ-सहरा में सबा फिरती है यूँ आवारा
जिस तरह फिरते हैं हम अहल-ए-जुनूँ आवारा
हम पे वारफ़्तगी-ए-होश की तोहमत न धरो

हम कि रुम्माज़-ए-रुमूज़-ए-ग़म-ए-पिन्हानी हैं
अपनी गर्दन पे भी है रिश्ता-फ़गन ख़ातिर-ए-दोस्त
हम भी शौक़-ए-रह-ए-दिलदार के ज़िंदानी हैं

जब भी अबरू-ए-दर-ए-यार ने इरशाद[1] किया
जिस बयाबाँ में भी हम होंगे चले आएँगे
दर खुला देखा तो शायद तुम्हें फिर देख सकें
बंद होगा तो सदा दे के चले जाएँगे

---

1. हुक्म देना

(136)

ये देस मुफ़लिस-ओ-नादार कज-कुलाहों का
ये देस बे-ज़र-ओ-दीनार बादशाहों का
कि जिस की ख़ाक में क़ुदरत है कीमियाई[1] की
ये नायबान-ए-ख़ुदावंद-ए-अर्ज़ का मस्कन
ये नेक पाक बुज़ुर्गों की रूह का मदफ़न[2]
जहाँ पे चाँद सितारों ने जुब्बा-साई की
न जाने कितने ज़मानों से इस का हर रस्ता
मिसाल-ए-ख़ाना-ए-बे-ख़ानुमाँ था दरबस्ता[3]

ख़ुशा कि आज ब-फ़ज़्ल-ए-ख़ुदा वो दिन आया
कि दस्त-ए-ग़ैब ने इस घर की दर-कुशाई की
चुने गए हैं सभी ख़ार इस की राहों से
सुनी गई है बिल-आख़िर बरहना-पाई की

1. सोना बना देने वाला 2. कब्रिस्तान 3. चटखनी

(137)

रहा न कुछ भी ज़माने में जब नज़र को पसंद
तिरी नज़र से किया रिश्ता-ए-नज़र पैवंद

तिरे जमाल से हर सुब्ह पर वज़ू लाज़िम
हर एक शब तिरे दर पर सुजूद की पाबंद

नहीं रहा हरम-ए-दिल में इक सनम बातिल
तिरे ख़याल के लात-ओ-मनात की सौगंद

मिसाल-ए-ज़ीना-ए-मंज़िल ब-कार-ए-शौक़ आया
हर इक मक़ाम कि टूटी जहाँ जहाँ पे कमंद

ख़िज़ाँ तमाम हुई किस हिसाब में लिखिए
बहार-ए-गुल में जो पहुँचे हैं शाख़-ए-गुल को गज़ंद[1]

दरीदा-दिल[2] है कोई शहर में हमारी तरह
कोई दुरीदा-दहन शैख़-ए-शहर के मानिंद[3]

शिआर की जो मुदारात-ए-क़ामत-ए-जानाँ
किया है 'फ़ैज़' दर-ए-दिल दर-ए-फ़लक से बुलंद

---

1. सदमा 2. दुखी दिल 3. सदृश्य

(138)

दयार-ए-यार तिरी जोशिश-ए-जुनूँ पे सलाम
मिरे वतन तिरे दामान-ए-तार-तार की ख़ैर
रह-ए-यक़ीं तिरी अफ़शान-ए-ख़ाक-ओ-ख़ूँ पे सलाम
मिरे चमन तिरे ज़ख़्मों के लाला-ज़ार की ख़ैर
हर एक ख़ाना-ए-वीराँ की तीरगी पे सलाम
हर एक ख़ाक-बसर, ख़ानुमाँ-ख़राब की ख़ैर
हर एक कुश्ता-ए-ना-हक़ की ख़ामुशी पे सलाम
हर एक दीदा-ए-पुर-नम की आब-ओ-ताब की ख़ैर
रवाँ रहे ये रिवायत, ख़ुशा ज़मानत-ए-ग़म[1]
नशात-ए-ख़त्म-ए-ग़म-ए-काएनात से पहले
हर इक के साथ रहे दौलत-ए-अमानत-ए-ग़म
कोई नजात न पाए नजात[2] से पहले
सकूँ मिले न कभी तेरे पा-फ़िगारों को
जमाल-ए-ख़ून-ए-सर-ए-ख़ार को नज़र न लगे
अमाँ मिले न कहीं तेरे जाँ-निसारों[3] को
जलाल-ए-फ़र्क़-ए-सर-ए-दार को नज़र न लगे

---

1. दुखों का पहाड़ 2. आजादी 3. जान न्योछावर कर देने वाला

(139)

मौत अपनी न अमल[1] अपना न जीना अपना
खो गया शोरिश-ए-गीती में क़रीना[2] अपना
नाख़ुदा दूर हवा तेज़, क़रीं काम-ए-नहंग
वक़्त है फेंक दे लहरों में सफ़ीना[3] अपना
अरसा-ए-दहर के हंगामे तह-ए-ख़ाब सही
गर्म रख आतिश-ए-पैकार से सीना अपना
साक़िया रंज न कर जाग उठेगी महफ़िल
और कुछ देर उठा रखते हैं पीना अपना
बेश-क़ीमत हैं ये ग़म-हा-ए-महब्बत मत भूल
ज़ुल्मत-ए-यास को मत सौंप ख़ज़ीना[4] अपना

1. उम्मीद 2. तरीका 3. नाव 4. खजाना

(140)

दिन ढला कूचा ओ बाज़ार में सफ़-बस्ता हुईं
ज़र्द-रू[1] रौशनियाँ
उन में हर एक के कश्कोल से बरसें रिम-झिम
इस भरे शहर की नासूदगियाँ
दूर पस-मंज़र-ए-अफ़्लाक[2] में धुँदलाने लगे
अज़्मत-ए-रफ़्ता के निशाँ
पेश-ए-मंज़र में
किसी साया-ए-दीवार से लिपटा हुआ साया कोई
दूसरे साए की मौहूम सी उम्मीद लिए
रोज़-मर्रा की तरह
ज़ेर-ए-लब
शरह-ए-बेदर्दी-ए-अय्याम की तम्हीद लिए
और कोई अजनबी
इन रौशनियों सायों से कतराता हुआ
अपने बे-ख़्वाब शबिस्ताँ[3] की तरफ़ जाता हुआ

---

1. शर्मिंदा 2. सात आसमान 3. शयनगार

(141)

सर्द सिलों पर
ज़र्द सिलों पर
ताज़ा गर्म लहू की सूरत
गुलदस्तों के छींटे हैं
कतबे सब बे-नाम हैं लेकिन
हर इक फूल पे नाम लिखा है
ग़ाफ़िल सोने वाले का
याद में रोने वाले का
अपने फ़र्ज़ से फ़ारिग़ हो कर
अपने लहू की तान के चादर
सारे बेटे ख़्वाब में हैं
अपने ग़मों का हार पिरो कर
अम्माँ अकेली जाग रही है

www.ingramcontent.com/pod-product-compliance
Lightning Source LLC
LaVergne TN
LVHW050037181026
850499LV00051B/2347
* 9 7 8 9 3 9 0 0 8 8 4 5 4 *